Hans-Günther Lemke

# Erfolgreiche Diebstahlverhütung

Hans-Günther Lemke

# Erfolgreiche Diebstahlverhütung

## und noch mehr Sicherheit im Einzel- und Fachhandel

AV Akademikerverlag

**Impressum/Imprint (nur für Deutschland/only for Germany)**
Bibliografische Information der Deutschen Nationalbibliothek: Die Deutsche Nationalbibliothek verzeichnet diese Publikation in der Deutschen Nationalbibliografie; detaillierte bibliografische Daten sind im Internet über http://dnb.d-nb.de abrufbar.
Alle in diesem Buch genannten Marken und Produktnamen unterliegen warenzeichen-, marken- oder patentrechtlichem Schutz bzw. sind Warenzeichen oder eingetragene Warenzeichen der jeweiligen Inhaber. Die Wiedergabe von Marken, Produktnamen, Gebrauchsnamen, Handelsnamen, Warenbezeichnungen u.s.w. in diesem Werk berechtigt auch ohne besondere Kennzeichnung nicht zu der Annahme, dass solche Namen im Sinne der Warenzeichen- und Markenschutzgesetzgebung als frei zu betrachten wären und daher von jedermann benutzt werden dürften.

Coverbild: www.ingimage.com

Verlag: AV Akademikerverlag GmbH & Co. KG
Heinrich-Böcking-Str. 6-8, 66121 Saarbrücken, Deutschland
Telefon +49 681 9100-698, Telefax +49 681 9100-988
Email: info@akademikerverlag.de

Herstellung in Deutschland (siehe letzte Seite)
**ISBN: 978-3-639-44286-1**

**Imprint (only for USA, GB)**
Bibliographic information published by the Deutsche Nationalbibliothek: The Deutsche Nationalbibliothek lists this publication in the Deutsche Nationalbibliografie; detailed bibliographic data are available in the Internet at http://dnb.d-nb.de.
Any brand names and product names mentioned in this book are subject to trademark, brand or patent protection and are trademarks or registered trademarks of their respective holders. The use of brand names, product names, common names, trade names, product descriptions etc. even without a particular marking in this works is in no way to be construed to mean that such names may be regarded as unrestricted in respect of trademark and brand protection legislation and could thus be used by anyone.

Cover image: www.ingimage.com

Publisher: AV Akademikerverlag GmbH & Co. KG
Heinrich-Böcking-Str. 6-8, 66121 Saarbrücken, Germany
Phone +49 681 9100-698, Telefax +49 681 9100-988
Email: info@akademikerverlag.de

Printed in the U.S.A.
Printed in the U.K. by (see last page)
**ISBN: 978-3-639-44286-1**

# Inhalt

# 1. Vorwort vom Autor

Die Probleme für den einzelnen Geschäftsinhaber werden immer größer und bedrohlicher. Sei es die ansteigende Zahl der Ladendiebe oder die neuen Gefahren wie z.B. EC-Kartenbetrug oder das Bezahlen mit Falschgeld. Durch die EU- Erweiterung sind leider auch vermehrt Kriminalitätsdelikte aus dem Ausland zu erkennen. Dazu kommt, dass der »herkömmliche« Ladendieb immer gewaltbereiter, kreativer, professioneller und einfallsreicher wird und handelt.

Auch das Wissen um das korrekte Verhalten bei einer möglichen Bombendrohung ist für den Geschäftsinhaber von heute »leider« eine Notwendigkeit.

Deshalb ist es unerlässlich für jeden, der im Verkauf tätig ist, sich mit dem Thema »Sicherheit und Diebstahlverhütung« noch mehr als in der Vergangenheit auseinander zusetzen.

Allein im Jahr 2005 wurden im deutschen Einzelhandel Waren im Wert von ca. 4 Milliarden EURO gestohlen. Dies sind nur geschätzte Zahlen.
Die Dunkelziffer liegt um ein Vielfaches höher.

Das beste Rezept, gegen Ladendiebstahl oder anderen Betrügereien in einem Geschäft entgegen zu wirken, ist immer noch der aufmerksame Mitarbeiter im Geschäft. Das bedeutet, den Mitarbeiter noch sensibler auf das Thema Ladendiebstahl, Verhalten bei EC-Kartenbezahlung oder Umgang mit Falschgeld zu machen.

Dieses Buch ist für alle geschrieben, die sich mit der Thematik »Sicherheit im Geschäft« und »Ladendiebstahlverhütung« intensiver beschäftigen wollen oder sich einfach nur informieren wollen, wie Sicherheitsmaßnahmen aussehen können, um u.a. das Inventurergebnis zu verbessern.

Wenn Sie Anregungen, Kritik oder Anmerkungen zum vorliegenden Buch haben, würde ich mich freuen, von Ihnen zu hören.

Ihr Hans- Günther Lemke/ Porta Westfalica im November 2006

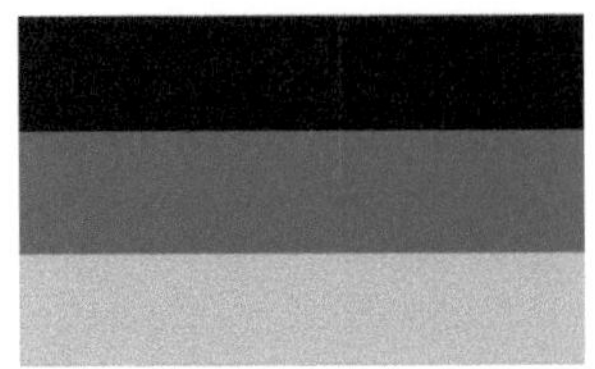

## 2. Straftatenanteile 2005 in Deutschland/ Statistiken 2005

| | | |
|---|---|---|
| Diebstahl insgesamt | 2 727 048 Fälle | - 7,9 % |
| Waren- und Kreditbetrug (u.a. Umetikettierung) | 300 722 Fälle | + 11,5 % |
| Warenbetrug | 94 642 Fälle | + 14,7 % |
| Betrug gesamt | 949 921 Fälle | + 0,9 % |
| Gefährliche und schwere Körperverletzung | 147 122 Fälle | + 5,3 % |
| Betrug mittels rechtswidrig erlangter unbarer Zahlungsmittel | 103 935 Fälle | - 20,0 % |
| Ladendiebstahl | 461 293 Fälle | - 9,4 % |
| = Gesamt ca. | 6,4 Millionen Straftaten | - 3,6 % |

*Quelle: PKS ( Polizeiliche Kriminalstatistik 2005)*

Die Ladendiebstähle sind zwar in 2005 erheblich weniger registriert worden, hierbei ist allerdings zu vermerken, dass der Grund darin liegt, dass eine Vielzahl von Handelsunternehmen in Alarm- und Sicherungssysteme investiert hat und dass es sicherlich auch eine Anzahl von Händlern gibt, die nicht jeden Diebstahl immer zur Anzeige bei der Polizei bringen.

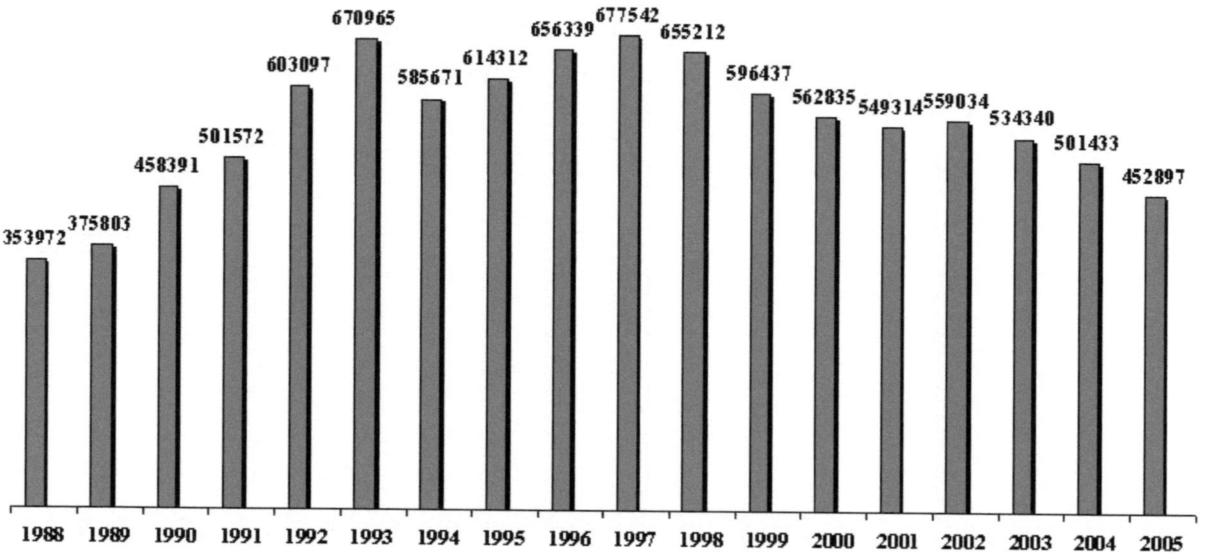


Entwicklung Ladendiebstähle in Deutschland 1988- 2005:
*Quelle: Landeskriminalämter/ PKS*

# 3. Veränderungen im Ladendiebstahl/ Beispiele aus der Presse

Besonders in den letzten 2-3 Jahren ist ein verändertes Vorgehen im Ladendiebstahl festzustellen.

Es gibt:

- Eine wesentlich höhere Gewaltbereitschaft (Veränderung in der Gesellschaft, u.a. auch durch Medien wie Fernsehen und Zeitschriften). Viele Straftaten werden auch heute noch von Tätern und teils auch von der Gesellschaft »bagatellisiert«. Dies betrifft besonders die Ladendiebstähle. Auch gibt es seitens der Täter oft die Einstellung, dass ein Diebstahl nicht so leicht bemerkt wird.

- Die Diebstähle sind organisierter und werden häufiger mit mehreren Personen durchgeführt.

- Die Tricks, der Einfallsreichtum und leider auch die Gewaltbereitschaft kennen fast keine Grenzen mehr.

Beispiele aus Meldungen verschiedener Regionen in ganz Deutschland:

**Mai 2006 »Gewaltbereitschaft«**

Bei einem Überfall auf einen Supermarkt haben drei bewaffnete Räuber mehrere tausend Euro erbeutet. Sie hatten die beiden Kassiererinnen mit Pistolen bedroht und sogar einen Kunden an den Kopf geschlagen.

**Januar 2005 »Gewaltbereitschaft«**

Ein 19jähriger Angestellter ist bei einem Überfall ohne Vorwarnung in den Bauch gestochen worden. Der Mann hatte das Geschäft am Mittwochabend geschlossen und durch den Personalhinterausgang verlassen. Ein Unbekannter ist dann auf ihn zugekommen und hat nach kurzer Ansprache »Gib das Geld her, ich mache Dich fertig«, den Mann in den Bauch gestochen. Als das Opfer versuchte sich zu wehren, stach der Täter nochmals zu.

**März 2005 »Gewaltbereitschaft«**

In einem Zoofachgeschäft wurde ein Kunde von einer Verkäuferin kurz vor Ladenschluss zuerst beraten und an der Kasse zog er plötzlich eine Pistole und forderte das Geld aus dem Tresor. Er wartete dabei ab, dass alle anderen Kunden zuerst das Geschäft verlassen hatten.

**Januar 2004 »Ideenreichtum«**

Beim Überfall auf eine Bäckerei in Neustadt am Rübenberge ist eine Verkäuferin schwer verletzt worden. Der Täter hatte gewartet, bis die Frau allein in der Filiale war und von der Tür abgewandt war. In dem Moment rammte er ihr ein Messer in den Rücken. Die 40jährige brach bewusstlos zusammen. Eine Kundin fand sie wenig später. Der Täter erbeutete Bargeld und Briefmarken von mehreren tausend Euro.

**Oktober 2005 »Höhere Warenwerte werden gestohlen«**

Ein Dieb aus Osnabrück hat Beute im Wert von 50.000 Euro im Internetauktionshaus „Ebay" angeboten. In der Wohnung entdeckten die Ermittler etwas 250 MP2- Player, rund 150 Rasierapparate und zwei Jacken.

**November 2005 »Überfall«**

Ein Unbekannter hat am Dienstagmorgen einen Supermarkt überfallen und die Filialleitung mit einer Schusswaffe bedroht. Als Die Marktleitung die Eingangstür aufschloss, wurde sie nach Angaben der Polizei von dem Täter überrascht und in den Laden gedrängt.
Dies nur einige Beispiele der Kreativität und Gewaltbereitschaft der Ladendiebe und Betrüger im Einzelhandel von heute. Die Liste wäre sicher endlos weiterzuführen.

**Hinweis: Nutzen Sie aktuelle Meldungen in den regionalen Tageszeitungen, um Ihre Mitarbeiter immer wieder zu sensibilisieren und mit ihnen über aktuelle »Fälle« zu reden.**

# 4. Verlustfaktoren im Handel/ Inventurdifferenzen

Das Thema »Ladendiebstahl« ist leider ein immer wiederkehrendes Problem im deutschen Einzel- und Fachhandel.

Dazu kommt die Erkenntnis, dass es seit 2002 mit der Einführung des »Euro« noch mehr Gelegenheitsdiebe gibt als zuvor, die sich manche »Luxusartikel« wie z.B. Parfüm, hochwertige Markentextilien oder auch Zigaretten (durch mehrere Preiserhöhungen) nicht mehr leisten können.

Das beweisen auch verschiedene Studien und Untersuchungen, die besagen, dass über die Hälfte der Ladendiebe in 2005 »Ersttäter« waren.

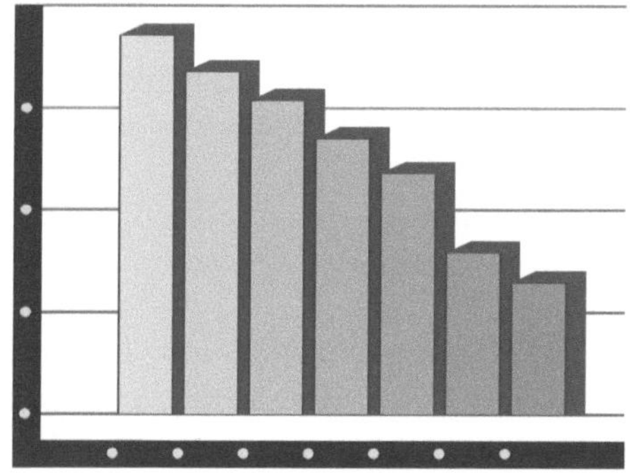

D.h. nicht, dass diese Diebe das erste Mal gestohlen haben, sondern nur, dass der gefasste Täter das erste Mal in einem Strafantrag oder durch eine Anzeige vermerkt worden ist.
Wie viele Menschen wirklich gestohlen haben, ist auch bei bester Einschätzung aufgrund der sehr hohen Dunkelziffer nicht einzuschätzen. Auch gibt es immer noch viele Händler, die einen Ladendiebstahl nicht zur Anzeige bringen, weil sie der Meinung sind, dass die Täter nicht bestraft werden.
Hier kann nur empfohlen werden, jeden Diebstahl zur Anzeige bei der örtlichen Polizei zu bringen. Nur so ist gewährleistet, dass ein Täter auch bestraft wird, wenn er mehrmals bei einem Diebstahl aufgefallen ist.

Zwar ist in 2005 zum Vorjahr in den angezeigten Ladendiebstählen ein leichter Rückgang zu vermerken, trotzdem muss der Gesamtverlust von ca. 4,2 Milliarden Euro bedenklich stimmen.

Dazu kommt, dass auch vermehrt die eigenen Verkaufsmitarbeiter in die »Kasse« greifen.

Der HDE ( Hauptverband des Deutschen Einzelhandel) hat einmal festgestellt, dass der durchschnittliche Warenwert in 2003 von stehlenden Mitarbeitern 537,85 Euro beträgt, der von diebischen Kunden dagegen nur 78,56 Euro.
Wenn man allein das Jahr 1991 mit 2002 vergleicht, ist ein Zuwachs bei Ladendiebstählen von 10 % zu verzeichnen.
Auch ist anhand von vielen Studien der Strafanzeigen in Polizeidienststellen festgestellt worden, dass heutzutage raffinierter, organisierter und einfallsreicher gestohlen und betrogen wird. Dies liegt sicher auch mit an der negativen Trendentwicklung der Wirtschaft in Deutschland seit 2002 ( höhere Ausgaben, mehr Arbeitslosigkeit u.a.).

Dieser Trend ist auch deutlich an den veröffentlichten Inventurdaten verschiedener Handelsunternehmen zu erkennen.

Dass sich Inventurdifferenzen nicht nur aus Ladendiebstählen von Kunden zusammensetzen, zeigt die anliegende Studie vom EHI (Eurohandelsinstitut Köln).

Zusammensetzung von Inventurdifferenzen 2005

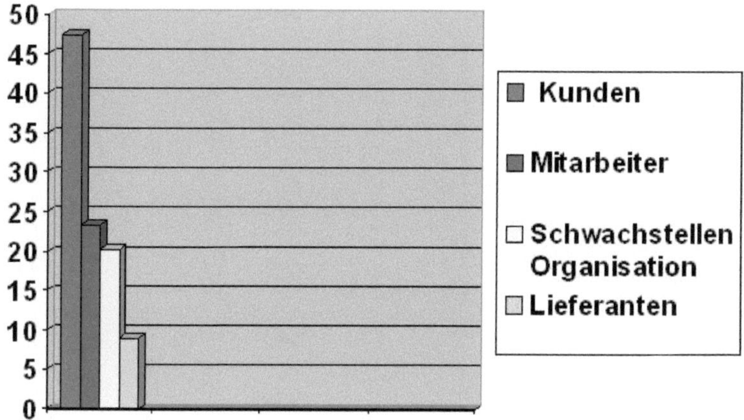


Zur Erläuterung: 47,6% Kundendiebstahl, 23,6% Mitarbeiterdelikte, 20,7% Organisatori-sche Schwachstellen, 8,1% Lieferanten, Geschätzter Verlust ca. 2,2 Milliarden Euro. *Quelle: EHI ( Eurohandelsinstitut Köln Mai 2006)*

**Inventurdifferenzen 2005 in % vom Bruttoumsatz**

| | |
|---|---|
| SB-Warenhaus | 0,73 |
| Supermarkt | 0,83 |
| Textilhandel ges. | 1,26 |
| Textilfachgeschäfte | 1,61 |
| Textilfachmärkte | 1,18 |
| Textilkaufhäuser | 1,04 |
| Textilwarenhäuser | 1,22 |
| Baumärkte | 1,43 |
| C&C Märkte | 0,28 |
| Drogerien | 1,59 |
| **Gesamt** | **1,05** |

Auch interessant: Ladendiebe nehmen pro Tat:

| | |
|---|---|
| 1 Artikel | 54% |
| 2 Artikel | 19% |
| 3 Artikel | 9% |
| Mehr als 3 Artikel | 18% |

*Quelle. Detektei Krupp/ Braunschweig, 2004*

# 5. Sensibilisierung der Mitarbeiter

Auch heutzutage ist es immer noch unklar, was »eigentlich« ein Diebstahl ist.

Man unterscheidet zwischen dem versuchten (sichtbaren Diebstahl) und dem vollendeten (unsichtbaren) Diebstahl.

D.h., wenn jemand eine Ware sichtbar trägt, diese an der Kasse nicht bezahlt und am, Ausgang gestellt wird, ist dies ein versuchter Diebstahl.

Wenn jemand eine Ware unter seine Kleidung z.B. »versteckt«, dann handelt es sich bereits um einen vollendeten Diebstahl.
Schon zu diesem Zeitpunkt oder bei der Beobachtung hätte ein Geschäftsinhaber z.B. die Möglichkeit, einen Strafantrag zu stellen.
Hiervon ist allerdings abzuraten.

Meist ist es sinnvoller und dient auch der Vorbeugung gegen Diebstahl, den »möglichen Dieb« sofort anzusprechen mit Worten wie:

»Darf ich Ihnen die Ware an die Kasse bringen?«, oder

»Ich sehe, dass Sie Ware eingesteckt haben. Bitte legen Sie die Ware in den Einkaufswagen oder Einkaufskorb, damit es nicht zu Missverständnissen kommt.«

Diese Ansprache ist wichtig und dient zur Abschreckung. Selbst wenn jemand »unlautere« Absichten gehabt hätte, wird er sich beim nächsten Mal überlegen, in diesem Geschäft »zu stehlen«.

Den Mitarbeitern ist immer klar zu machen ist, was ein Diebstahl überhaupt für ein Geschäft bedeutet:

Lt. StGB ( Strafgesetzbuch) § 242 ist ein Diebstahl:

(1)Wer eine fremde bewegliche Sache einem anderen in der Absicht wegnimmt, die Sache sich oder einem Dritten rechtswidrig zuzueignen, wird mit Freiheitsstrafe bis zu fünf Jahren oder mit Geldstrafe bestraft.
(2)Der Versuch ist strafbar.

Lt. StGB § 78/ Abs.3/ Nr. 5 beträgt die Verjährungsfrist 3 Jahre

Diebstahl verhindern, um:

- Unnötige Mehrkosten zu vermeiden
- Unangenehme Situationen für Kunden und Personal zu ver hindern
- Den eigenen Arbeitsplatz zu sichern
- Mehr Umsatz und Gewinn zu erhalten
- Langfristige Abschreckung zu erreichen

**Ist Ladendiebstahl ausgleichbar?**

Ein Rechenbeispiel, um Mitarbeitern einen Warenverlust deutlich zu machen:

| | |
|---|---|
| Verkaufswert | = € 100,- |
| Nettogewinn ca. 1% | = € 1,- |

Bei Verlust eines Artikels müssten dann 100 gleichwertige Artikel zusätzlich verkauft werden, um diesen Verlust auszugleichen.

Notwendiger Mehrumsatz für dieses Beispiel: € 10.000 ,-

**Verlustbeispiel:**

Bei einer Inventurdifferenz von »nur« 0,8% von einem Bruttoverkaufsumsatz von 2.000.000 Euro ausgehend beträgt der Verlust schon 16.000 Euro.

D.h. bei einer durchschnittlichen Nettoumsatzrendite von z.B. 2%, muss bei einem Diebstahlswert von ca. 25 Euro ein Einzelhändler einen Mehrumsatz von ca. 1.250 Euro realisieren.

**Grund genug, das Thema auch bei den Mitarbeitern zu sensibilisieren.**

**Beispiel zur Errechnung der Inventurdifferenz:**

| | |
|---|---|
| Anfangsbestand in Verkaufspreisen | 700.000 Euro |
| + Warenzugänge | 4.300.000 Euro |
| - Bestandsveränderungen | 200.000 Euro |
| - Umsätze | 3.900.000 Euro |
| = Sollbestand | 900.000 Euro |
| Sollbestand | 900.000 Euro |
| - Ist- Bestand | 860.000 Euro |
| = Inventurdifferenz | 40.000 Euro<br>= 1,03 % |

## 6. Was wird gestohlen/ »Diebstahlsrenner«

Nachfolgend einige Sortimente, die sich in den letzten Jahren besonders als »Diebstahlsrenner« heraus kristallisiert haben:

| | 2004 |
|---|---|
| Kosmetik | 15,00% |
| Elektro | 13,30% |
| Spirituosen | 12,20% |
| Tabak | 11,80% |
| Textil | 9,00% |
| Werkzeug | 8,80% |
| Lebensmittel | 7,00% |
| CD/ DVD | 4,70% |
| Fahrrad/ Auto | 3,50% |
| Drogerie | 7,60% |

*Quelle: Pressemitteilung Jahresstatistik 2004, Mario Krupp Detektei/ Braunschweig 2005*

### 6.1 Altersgruppen und soziale Herkunft

Dass Ladendiebe und Betrüger aus allen sozialen Schichten kommen und auch in allen Altersgruppen vertreten sind, ist hinlänglich bekannt.

Trotzdem gibt es einige interessante Veränderungen.

Kinder und Jugendliche ( bis unter 14 Jahre):

Die langfristige Veränderung der Tatverdächtigenzahlen bei Kindern, Jugendlichen, Heranwachsenden und Jungerwachsenden und der bis 1993 gestiegene, seitdem aber überwiegend rückläufige Anteil der Personen ohne deutsche Staatsangehörigkeit ( »Nichtdeutschen«) an der Gesamtzahl dürfte unter anderem auf demografischen Einflüssen

beruhen ( z.B. Wanderbewegungen aus dem Ausland).

Im Berichtsjahr laut PKS ( Polizeiliche Kriminalstatistik) wurden 103.124 deutsche und nichtdeutsche Kinder als Tatverdächtige bei verschiedenen Straftaten ermittelt, das sind 10,9 Prozent weniger als 2004 (115.770).

Am auffälligsten bei deutschen Kindern sind die Straftatendelikte bei Ladendiebstahl und bei Diebstahl ohne erschwerende Umstände. Fast die Hälfte der Tatverdächtigen im Kindesalter (42,8%) wurde wegen

Ladendiebstahls ermittelt.

Auch bei den nichtdeutschen Kindern ist der Anteil am Ladendiebstahl besonders hoch, auch wenn bemerkt werden muss, dass auch hier ein Straftatenrückgang gesamt von 8,1 Prozent zu verzeichnen ist.

**Jugendliche ( 14 bis unter 18 Jahre)**

2005 betrug die Zahl der tatverdächtigen Jugendlichen 284.450, das sind 4,3 Prozent weniger als 2004 ( 297.087). Der Anteil Nichtdeutscher an den tatverdächtigen Jugendlichen lag 2005 bei 17,0 Prozent ( 2004: 17,0 Prozent).

Hierbei fällt leider besonders auf, dass im Bereich der Körperverletzung wieder eine Zunahme zu verzeichnen ist ( Bei Deutschen +2,3 %, bei Nichtdeutschen + 3,3%).

**Tatverdächtige Heranwachsende (18 bis unter 21 Jahre)**

Im Berichtsjahr 2005 wurden 247.450 Heranwachsende als Tatverdächtige ermittelt, das sind 1,2 Prozent weniger als 2004 (250.534).

**Tatverdächtige Jungerwachsende (21 bis unter 25 Jahre)**

2005 betrug die absolute Zahl der tatverdächtigen Jungerwachsenden und ihr Anteil an den Tatverdächtigen 284.881, das sind 2,0 Prozent weniger als 2004.

**Tatverdächtige Erwachsende (ab 21 Jahre)**

2005 wurden 1.678.112 Erwachsene ab 21 Jahre als Tatverdächtige ermittelt, das sind 2,5 Prozent weniger als 2004.

**Geschlechtsstruktur:**

Im Berichtsjahr der PKS 2005 wurden 548.724 weibliche Tatverdächtige und damit 23,7 Prozent aller Tatverdächtigen registriert. Leicht überdurchschnittlich sind die Tatverdächtigen anteile weiblicher Personen bei Kindern ab 10 Jahren, bei Jugendlichen unter 16 Jahren und bei

Erwachsenen ab 40 Jahren.

Seit 1993 wird ein anstieg des Tatverdächtigenanteils von Mädchen und Frauen erkennbar und zwar besonders, wenn Ladendiebstahl herausgerechnet wird.

**Auch der nachfolgende kleine Zeitungsartikel beweist, dass die Ladendiebe aus allen sozialen Schichten kommen können:**

Zu einem Ladendiebstahl ist es in einem Kaufhaus in der Innenstadt gekommen. Gegen 12.45 Uhr beobachteten Kaufhausdetektive einen Mann beim Entwenden von Damenstiefel. Nach Verlassen des Kaufhauses wurde der Verdächtige in das Büro gebeten. Dort stellte sich heraus, dass es sich um einen Polizeibeamten handelte. Der **Beamte** muss bei einer Bestätigung der Anschuldigungen auch mit disziplinarischen Konsequenzen rechnen.

- Erschreckend ist die unverändert hohe Anzahl der aufgegrif fenen gewohnheits- und gewerbsmäßigen Täter mit den extrem hohen Schadenssummen.
  Bei dieser Tätergruppe wirken sich offensichtlich die erhebli chen finanziellen und personellen Aufwendungen des Handels nicht so gravierend aus.

- Eine spürbare Zurückdrängung der professionellen Täter ergab sich immer dort, wo die Sicherungskonzepte des Handels eine optimale Mischung aus dem gezielten Einsatz geschulter Detektive, der Installation von Überwachungsanlagen und elektronischer Artikelsicherungen ergaben.

**Täterstruktur und Tatverhalten**

Um mehr über die Täterstruktur und das Vorgehen der Diebe zu erfahren, hat die Firma IMCo kürzlich Ladendetektive unterschiedlichster Handelsunternehmen gebeten, gefasste Ladendiebe mittels eines Fragebogens zu beurteilen, wodurch eine Stichprobe von über 1.800 ausgefüllten Fragebogen gewonnen werden konnte.
Aus der Analyse der Daten ergab sich, dass vier von fünf überführten Tätern als Wiederholungstäter eingeschätzt wurden.

Mehr als ein Drittel der Tatverdächtigen gehörten zu Gruppen, die besonders häufig stehlen.
Alleinhandelnde Profis, Banden, Drogen- und Alkoholabhängige oder auch Armutstäter.
Und diese Tatverdächtigen waren zu mehr als 20 Prozent gewaltbereit bzw. gewalttätig.

Wenn Profis stehlen, arbeiten sie meistens eine Tour mit klaren Vorgaben ab und nehmen dabei gleich größere Mengen mit. Sie stehlen oft im Team und planen ihre Aktionen genau. Ein Bandenmitglied gewährte Einblicke in die Vorgehensweisen der Profis. »Ein so genannter Spezialist war für das Entfernen der EAS- Etiketten zuständig, eine Gruppe für das Verpacken und Bereitstellen der Waren, andere sorgten für den Abtransport.«

**Motive der Täter**

Gefördert wird Ladendiebstahl einerseits durch den Selbstbedienungscharakter vieler Geschäfte, immer weniger Verkaufspersonal, andererseits aber auch durch die Unwissenheit des Personals, das nicht weiß, wie in kritischen Situationen mit Verdächtigen umzugehen ist.

Auch ist eine Verschiebung der moralischen und ethischen Wertvorstellungen erkennbar. Viele Täter sind heute auch noch der Auffassung, sich nur zu »holen«, was ihnen zusteht. Frust herrscht dann meistens bei diesen Personengruppen über unbefriedigte Konsumwünsche und zu hohe Preise. Unterstützt wird dieses moralische Selbstbild durch Unsicherheit des entstandenen Schadens in Anbetracht der Warenfülle in einem Geschäft und der Geringfügigkeit des eigenen Diebstahls.

Hinzu kommt die geringe Wahrscheinlichkeit von Sanktionen. Der Justizapparat wird durch die über 400.000 Ladendiebstähle dermaßen beansprucht, dass die Verfahren gegen Ersttäter in der Regel eingestellt werden. Dies führt wiederum dazu, dass viele Händler sich den Aufwand sparen und gefasste Diebe erst gar nicht anzeigen.

## 6.2 Wann wird gestohlen

Gestohlen wird leider rund um die Uhr.

Es sind jedoch einige Auffälligkeiten festzustellen:

- Ladendiebe sind immer dann besonders aktiv, wenn sie sich unbeobachtet fühlen.

- Das können sowohl die hektischen Geschäftsstunden mittags oder abends sein, als auch die ruhigen Zeiten im Geschäft, in denen die Aufmerksamkeit des Personals nachlässt (die sogenannte »Feierabendstimmung« ab ca. 19.00 Uhr).

- Besonders in größeren Supermärkten oder Kaufhäusern, bei Neueröffnungen und Sonderaktionen (Sommerschlussverkauf, Aktionswochen, Jubiläen) sind Ladendiebe gern »unterwegs«. Die hohe Kundenfrequenz ist häufig der Anlass, dass Verkaufspersonal nicht genügend Zeit hat, auf Ladendiebstähle zu achten oder diese überhaupt zu bemerken.

- Auch vor Feiertagen wie Weihnachten und Ostern ist die Diebstahlsgefahr besonders groß. Der stärkste Verkaufstag ist seit vielen Jahren im Einzelhandel der »Gründonnerstag« vor Ostern. Auch deshalb leider ein besonders beliebter Tag für Ladendiebe und Betrüger.

- Unübersichtliche Stellen und »dunkle« Bereiche in einem Geschäft locken Ladendiebe förmlich an.

- Die Monate mit der höchsten Ladendiebstahlsquote sind März, April, November, Dezember.

- Die beliebtesten Wochentage sind Montag, Freitag und Samstag.

**Zu welchen Uhrzeiten wird gestohlen?**

| | |
|---|---|
| 09-10 Uhr | 3,7% |
| 10-11 Uhr | 7,3% Hausfrauen und Rentner |
| 11-12 Uhr | 10,6% Beamte, Selbständige, Rentner |
| 12-13 Uhr | 10,9% Schüler |
| 13-14 Uhr | 11,8% Angestellte, Arbeitslose, Rentner |
| 14-15 Uhr | 10,9% Hausfrauen, Jugendliche |
| 15-16 Uhr | 11,8% Über 60jährige |
| 16-17 Uhr | 14,7% Hausfrauen, Studenten |
| 17-18 Uhr | 18,3% alle Schichten |

*Quelle: PKS/ Handelsdaten 2004/ Daten Hans- Günther Lemke*

Hinweis: Der Trend geht seit 2002 verstärkt zu den Zeiten von 18.00 Uhr bis zum Ladenschluss 20.00 Uhr. Dies wird sich noch verstärken, wenn die Ladenöffnungszeiten, wie z.B. bei der Fußball- Fifa- WM 2006 in Deutschland noch mehr verlängert wird, wovon in Zukunft auszugehen ist.

## 6.3 Wie erkenne ich einen Ladendieb?

**Bedenken Sie: Jeder Dieb ist ein Kunde - Aber nicht jeder Kunde ist ein Dieb**

Es ist wirklich nicht einfach, einen Ladendieb auf Anhieb zu erkennen. Wie im letzten Kapitel gesehen, kommt jede Altersgruppe und auch jede Person, egal welch sozialer Herkunft, in Betracht, einen Diebstahl zu begehen. Die meisten Ladendiebstähle werden auch heute noch von Gelegenheitsdieben durchgeführt (»Gelegenheit macht Diebe«). Diese Diebe stehlen nicht jeden Tag und sind meist dementsprechend nervös. Hier gibt es gute und realistische Chancen, die möglichen Diebe anhand von Verhaltensweisen zu erkennen. Bei folgenden Verhaltensweisen haben wir es mit großer Wahrscheinlichkeit mit potenziellen Ladendieben zu tun:

- Kunden, die sich vorsichtig nach allen Seiten umschauen und unauffällig wegschauen.

- Kunden vermeiden möglichst den direkten Augenkontakt und gehen Verkaufsmitarbeitern gezielt beim Näherkommen aus dem Weg.

- Kunden stellen sich so hin, dass sie nicht gesehen oder bemerkt werden können, was sie tun.

- Unruhiges und misstrauisches Beobachten von Käufern und Verkäufern (der ehrliche Kunde interessiert sich für die Ware und nicht für sein Umfeld). Häufig erkennbar bei Frauen: Rötungen im Hals und Dekolletebereich. Bei Männern: Rötungen auf Stirn und auf den Schläfen.

- Kunden kommen oft an dieselbe Verkaufsstelle oder zur selben Warengruppe zurück, kaufen jedoch nichts, sondern halten sich auffällig lange im bestimmten Bereich auf.

- Kunden öffnen und schliessen häufiger als normal üblich ihre Mantel- oder Jackentaschen. Hier könnte es möglich sein, dass Ware versteckt wird. Langes, eingehendes Betrachten der Ware und Interesse für die unterschiedlichsten Artikel, die in die Hand genommen werden, häufig aber auch wieder zurückgelegt werden. Sinn und Zweck ist das Warten auf eine günstige Gelegenheit, die Ware zu »verstecken«.

Kunden platzieren offen und häufiger ihre Taschen auf der Ware im Verkaufsraum und suchen demonstrativ Autoschlüssel oder sonstiges.

**Wirken bei einem Diebstahl mehrere Personen zusammen, kann häufig folgendes Verhalten beobachtet werden:**

- Der Versuch, sich gegenseitig abzuschirmen, so dass von einem Verkaufsmitarbeiter nicht erkannt werden kann, was »vor sich geht«. Mindestens eine der Personen hat die Aufgabe, das Verkaufspersonal abzulenken.

- Benutzung von Hilfsmitteln (z.B. präparierte Taschen, Mäntel mit tiefen Taschen, Kinderwagen).

- Mehrere Kunden geben sich z.B. Zeichen auf bestimmte Waren oder auf bestimmte Ladenecken oder Türen (möglicher Fluchtweg).

• Eine Gruppe von mehreren Kunden versuchen, das Verkaufspersonal in eine andere Ladenecke oder in das Lager wegen besonderer Wünsche zu führen.

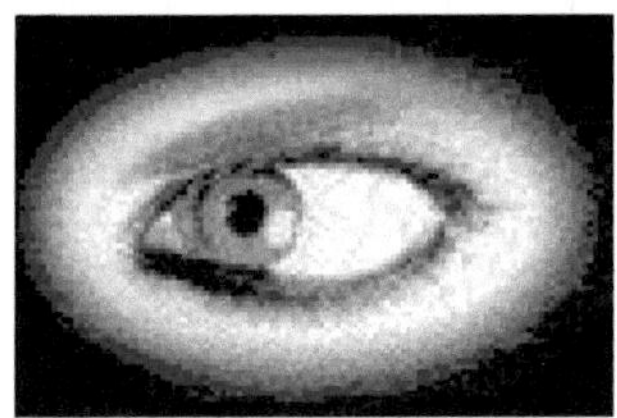

**Problem Stammkunde**

Hinsichtlich der Tätergruppe »Kunde« ist zu erwähnen, dass nicht selten auch Stammkunden Ladendiebstahl begehen.

Ein Stammkunde in einem Geschäft stiehlt im Durchschnitt 4-5x soviel wie ein »normaler« Gelegenheitsdieb.

Ihr Vorteil ist es, dass sie die Ware, die Organisation und ihre Schwachpunkte, häufig auch die personelle Situation des Geschäftes genau kennen.

Welche Verkäuferin aufmerksam ist oder welche den Stammkunden nahezu uneingeschränkt vertraut, ist meistens auch bekannt, denn Stammkunden genießen in der Regel einen Vertrauensbonus.

Im Falle ertappter Stammkunden steht der Händler häufig vor dem schwierigen Problem: Anzeige oder nicht. In der Regel wird geprüft, bei welcher Alternative der größere Nutzen überwiegt. Dies ist ein Fehler.

Besser: Jeder Ladendieb sollte unbedingt zur Anzeige gebracht werden, da der Dieb auch häufig weiter stiehlt und dadurch auch der Wirtschaft im Allgemeinen einen großen Schaden zufügt.

# 7. Aktuelle und »alte« Tricks der Ladendiebe

Im Folgenden werden gängige und ausgefallene Tricks bzw. Methoden von Ladendieben beispielhaft dargestellt.

**1. Die einfache und gebräuchlichste Methode**

Die Ware verschwindet direkt in der Einkaufstasche, in großen Manteltaschen oder weiten offenen Jacken. Diese einfache Methode kommt in über 90% der Fälle zum Tragen. Es betrifft die sogenannten »Gelegenheitsdiebe«, die heutzutage wieder wesentlich mehr geworden sind.

Es ist besonders darauf zu achten, wenn ein Kunde im wärmeren Frühjahr oder sogar im Sommer mit einer dicken Jacke oder einen Mantel bekleidet, das Geschäft betritt.

**2. Der »Alt- gegen- Neu« Trick**

Diese Methode wird häufig in Schuhgeschäften und Textilfachgeschäften angewendet, wo mit neuen Schuhen an den Füßen oder mit einer teuren Lederjacke das Geschäft verlassen wird, während die »alten Treter« im Regal zurückgelassen werden.

Aus diesem Grund bieten heutzutage schon viele Schuhgeschäfte in den Verkaufsräumen meist nur noch einen Schuh an (der zweite passende Schuh wird dann von einem Verkaufsmitarbeiter aus dem Lager geholt). Eine gute, jedoch auch sehr personalintensive Lösung.

**3. Der »Trojanische Pferd« Trick**

Ein wirklich professioneller Trick. Eine offene, präparierte Handtasche wird auf einen Warenstapel gestellt. Der Ladendieb täuscht vor, etwas in der Tasche zu suchen. In Wirklichkeit öffnet er die im Boden der Tasche eingelassene Klappe und zieht die unter der Tasche befindliche Ware in die Tasche.

**4. Der »Präpariertrick«**

Neue Ware wird »präpariert«, um den Eindruck zu erwecken, sie sei bereits ins Geschäft mitgebracht worden. So werden z.B. eine angebrochene Zigarettenpackung, Schlüsselbund oder Streichhölzer in den Taschen einer gestohlenen Jacke positioniert.

**5. Der »Ablenkungstrick«**

Es handelt sich dabei um eine Methode, die gerne beim Ladendiebstahl durch mehrere Personen angewandt wird. Während eine Person die Aufmerksamkeit des Verkaufspersonals auf sich lenkt, begehen in der Zwischenzeit die Komplizen den Ladendiebstahl. Oder: Eine Person fragt nach dem Artikel, der nicht im Verkaufsraum, sondern im hinteren Geschäftsbereich bzw. auf Lager vorrätig ist. Dadurch muss das Verkaufspersonal den Verkaufsraum für eine kurze Zeit unbeaufsichtigt lassen, um den Artikel zu holen.

## 6. Der »Sicherungstrick«

Bei mit Steckkontakten (Ruhestromanlagen) gesicherten Artikeln (z.B. Handys, Unterhaltungselektronik, Pelze etc.) wird vom Ladendieb an einem Artikel der Kontakt entfernt und Alarm ausgelöst. Aus sicherer Entfernung beobachtet er, ob das Personal lediglich den Alarm ausschaltet oder auch die Kontakte kontrolliert. Falls nur der Alarm vom Mitarbeiter angestellt wurde, ohne zu überprüfen, ob ein Kontakt an einem Artikel unterbrochen ist, kann die entsicherte Ware vom Ladendieb entwendet werden.

## 7. Der »Klaukoffertrick«

Bei diesem Trick gehen Ladendiebe in folgender Weise vor: Ein als Geschenk präparierter hohler Karton wird in einer Tasche ins Geschäft mitgebracht. Das Band der Geschenkverpackung umschließt den Karton augenscheinlich fest. Das Band läuft jedoch keineswegs durchgehend, sondern verbirgt optisch einen an der Oberseite des Kartons angebrachten Klappdeckel.

## 8. Der »Verwirrtrick«

Der Ladendieb verwickelt mehrere Mitarbeiter in ein Verkaufsgespräch und lenkt somit die Aufmerksamkeit auf sich. Derweil kann ein Kom-

plize im Geschäft sich als Ladendieb betätigen. Hier ist es unbedingt erforderlich, dass sich der Verkaufsmitarbeiter sofort Unterstützung durch einen zusätzlichen Mitarbeiter holt, wenn er »Verdächtiges« bemerkt oder ein »ungutes« Gefühl hat.

### 9. »Umpacken«

Diese Methode sei an einem einfachen Beispiel erläutert: An der Kasse bezahlt der Kunde eine Flasche günstigen Whiskey. Im »Umkarton« befindet sich jedoch nicht die günstigere Flasche, sondern der teure Cognac. Dieser Trick wird besonders häufig im Spirituosenbereich an-gewandt. Deshalb ist es empfehlenswert, Spirituosen ohne den Geschenkkarton zu verkaufen und auf Wunsch den Kunden gesondert auszuhändigen. Dasselbe gilt auch für hochwertiges Parfüm.

### 10. Der »Kinderwagentrick«

Ein Kinderwagen ermöglicht es, eine große Anzahl gestohlener Ware zu entwenden. Die Ausrede des Ladendiebs bei Überführung »das muss der Kleine wohl eingesteckt haben« erschwert die Beweislage, da Minderjährige nicht strafbar sind.
Hier gilt es, die ertappte Mutter oder den ertappten Vater deutlich auf Folgen eines Diebstahls oder dessen Versuch aufmerksam zu machen. Die Personalien sollten auf jeden Fall vermerkt werden.

### 11. »Gebrauchte Kassenbons«

Häufig ist gerade im Lebensmittelbereich festzustellen, dass Kunden ihre Bons an der Kasse liegen lassen. Mit einem solchen Bon kann ein Ladendieb „einkaufen" gehen. Er sucht nach den eingetippten Preisen die Waren aus und packt sie in seine Tasche. Zur Tarnung wird noch ein zusätzliches kleines Teil gekauft, das er „vorher vergessen hatte". An der Kasse wird nur noch das neue Teil bezahlt und der Kassen-bon als Legitimation für die anderen Waren vorgelegt.

### 12. »Ineinanderpacken«

Hohlkörper, wie gekaufte Abfalleimer, Plastikkörbe oder Kochtöpfe, werden mit gestohlener Ware aufgefüllt. Dieser Trick wird auch häufig bei Lederwaren, z.B. Taschen oder Portemonnaies angewandt. Hier ist die Aufmerksamkeit der Kassenmitarbeiter besonders gefordert.

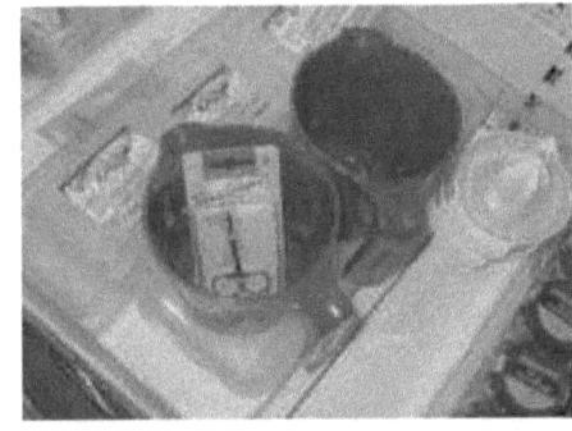

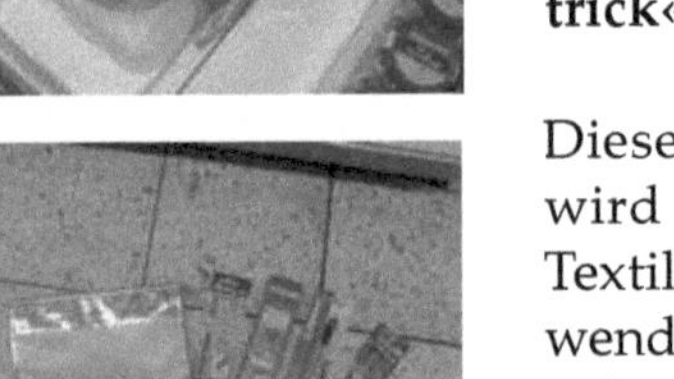

### 13. Der »Zwiebeltrick«

Diese Methode wird häufig im Textilbereich angewendet. Sie bezieht sich auf das Übereinanderziehen von mehreren Textilien in der Umkleidekabine.
Etiketten werden in Hohlräumen, z.B. hinter dem Spiegel, »entsorgt«. Die Praxis zeigt, dass Umkleidekabinen in Textilgeschäften zu den bevorzugtesten »Tatorten« von Ladendieben gehören.
Da die meisten Betrügereien und Diebstähle in Kaufhäusern oder im Textilfachhandel in der Umkleidekabine passieren, ist es immer wieder notwendig, alle Verkaufsmitarbeiter zu sensibilisieren, diesen Bereich mehrmals am Tag auf Etiketten oder leere Bügel zu kontrollieren.

**Tipps für Umkleidekabinen**

- Umkleidekabinen immer, wenn baulich möglich, zentral anlegen und an einer für die Verkaufsmitarbeiter übersehbaren Stelle im Geschäft

- Wenn möglich, Klapptüren - keine zu langen Vorhänge - Mögliche Ladendiebe fühlen sich gestört, wenn Kabineninnenbereiche leicht einsehbar sind

- Nur die Kabinen geöffnet lassen, die für den Geschäftsbetrieb notwendig sind.

- Spiegel dicht an der Wand befestigen, so dass keine Etiketten dahinter versteckt werden können- evtl. mit Silikon abdichten

- Ablageflächen abschrägen- machen Sie es dem möglichen Ladendieb so schwer wie möglich, Ware abzulegen

- Der Fußbereich sollte immer einsehbar sein- evtl. bei Vorhängen diese kürzen

- Ist ein Stuhl oder Hocker wirklich notwendig?

- Textilien nicht zu nahe an den Kabinen platzieren

**14. »Aufeinanderpacken«**

Ein Beispiel aus der Lebensmittelbranche verdeutlicht diese Methode: Neben den Waren, die im Einkaufswagen sind, befindet sich auf der unteren Abstellfläche z.B. ein sperriger, schwerer Getränkekasten. Aufgrund des Gewichts wird der Kasten beim Kassiervorgang i.d.R. nicht aufs Band gestellt. Somit entgehen der Kassiererin beispielsweise die unter dem Kasten flach liegenden Zeitschriften.

Dieser Trick wird natürlich auch in anderen Branchen, die den Kunden einen Einkaufswagen zur Verfügung stellen, gerne »eingesetzt«.

Auch möglich: Eine teure Spirituose wird im Getränkekasten mit einer günstigen Limonadenflasche getauscht.

**15. Der »Schwangerschaftstrick«**

Weibliche Ladendiebe täuschen manchmal eine Schwangerschaft vor, um unter dem weiten Umstandskleid alle möglichen Waren zu verstecken. Einzige Möglichkeit bei begründeten Verdacht: Die Person in ein Gespräch verwickeln und zumindest der Person zeigen, dass diese bemerkt worden ist. Oder mit gezielten Fragen versuchen, herauszufinden, ob die Frau wirklich schwanger ist, was sicher nicht einfach ist.

**16. »Die soziale Tour«**

Hierbei hoffen die Täter auf das soziale Empfinden. Die nette junge Frau mit dem eingegipsten Arm, die Mutter mit dem Kleinkind, der junge Mann im Rollstuhl, Kinder werden durch das Drehkreuz zum wartenden Vater am Auto auf den Parkplatz geschickt, die alte Dame, die aus Vergesslichkeit wieder den Laden verlässt, um ihr Portemonnaie zu holen.

**17. »Der Zusatzkauf«**

Der Dieb stattet die von ihm ausgewählten Artikel, z.B. Hifi- Geräte, Lampen, elektrische Spielwaren usw. mit Zusatzartikeln aus, z.B. Glühbirnen oder Batterien, die im Preis nicht mit enthalten sind. Hierbei sind alle Kassenmitarbeiter immer wieder zu informieren, welche Zusatzartikel wie u.a. Batterien oder Glühbirnen in den angebotenen Verkaufsartikeln mit enthalten sind. Auch sollten alle Artikel, die in einem Karton sind, an der Kasse zur Sicherheit geöffnet werden.

## 18. Der »Zeitschrift in Zeitschrift-Trick«

Eine z.B. teure Com-puterzeitschrift oder ein anderer Artikel (z.B. eine Grußkarte wird in eine wesentlich günstigere Zeitschrift gesteckt. Hierbei ist immer die Aufmerksamkeit der Kassenmitarbeiter gefordert, dieses zu kontrollieren.

## 19. Der »andere« Taschentrick

Die mitgebrachten Taschen (Handtaschen, Reisetaschen o.ä.) sind mit Alufolie ausgekleidet, so dass das Alarmsystem nicht reagiert.

## 20. Der »Helm-Trick«

Der »Kunde« kommt mit einem Motorradhelm oder Fahrradhelm in das Geschäft und steckt, wenn er nicht beobachtet wird, Kleinartikel in den Helm.
Herbei ist Aufmerksamkeit geboten, wenn dieser »Kunde« nicht auf den ersten Blick als Motorradfahrer oder als Fahrradfahrer zu erkennen ist (fehlende Motorradjacke usw.).

## 21. Der »Deponier- Trick«

Dieser Trick, der meist mit zwei Personen durchgeführt wird, findet häufig in Textilgeschäften, in Baumärkten und in großen Gartencentern mit Außenbereichen Anwendung. Eine Person nimmt zwei oder mehrere Teile in die Kabine und lässt bewusst ein Teil zurück. Die zweite Person nimmt offensichtlich ein Teil in dieselbe Kabine. Das deponierte Teil steckt sie ein oder zieht es unter ihre eigene Kleidung. In Geschäften mit Außenbereichen, Beispiel Baumarkt, wird einfach ein Teil, z.B. eine hochwertige Bohrmaschine »versteckt«, die eine andere Person dann später mitnimmt.

## 22. Der »Nummernziffertrick« im Textilfachhandel

Kunde 1 wählt zwei Hosen aus, erhält die Karte mit Ziffer 2. Kunde 2 hat drei Hosen und erhält die Ziffer 3. Die beiden Kunden tauschen ihre Karten. Der Kunde mit Ziffer 2 zieht eine Hose an und geht mit der Karte und zwei Hosen zum Verkäufer und gibt die Karte zurück.

## 23. Der »Fenster- Trick«

Manche Geschäfte oder Kaufhäuser haben in den Verkaufsräumen Fenster, die bei besonders warmen Witterungs-bedingungen geöffnet werden. Geschickte Ladendiebe nutzen diese Fenster, wenn sie nicht verschlossen oder vergittert sind, Waren hinauszuwerfen, die dann ein zweiter Komplize aufnimmt und dann verschwindet. Tipp: Alle Fenster verschlossen halten oder wenn diese bei warmer Witterung geöffnet sein müssen oder sollen, vergittern.

## 24. Der »Umetikettier- Trick«

Häufig lassen unachtsame Mitarbeiter Preisauszeichner im Geschäft liegen. Dies kann dann leicht von Betrügern genutzt werden, sich die Preise »selbst zu machen«. Die Auszeichner sind heutzutage selbst für Laien leicht zu benutzen. Alle Preisauszeichnungsgeräte in einem Geschäft sollten immer verschlossen und nur für Verkaufsmitarbeiter zugänglich sein. Hinweis: bei diesem Trick handelt es sich um ein Betrugsdelikt und wird strafrechtlich entsprechend geahndet.

## 25. Der »Begleiter- Trick«

Häufig wird auf den Begleiter eines Kunden, der an der Kasse steht, nicht geachtet, da dieser „anscheinend" keine Ware hat, sondern den „Hauptkunden" nur begleitet. Hier ist immer besondere Aufmerksamkeit gefordert und der Begleiter sollte zumindest angesprochen werden.

### 26. Der »Regenschirm- Trick«

Der Regenschirm bietet den Vorteil für den Dieb, dass er nicht geöffnet werden muss. Vorbeugung: Schirmständer für die Kunden am Eingang. Ansonsten hilft nur, den Kunden mit dem Schirm sehr genau zu beobachten.

### 27. Der »Konzessionärs- Trick«

Viele Geschäfte, vorrangig Kauf- und Modehäuser, haben auf einer Etage auch Konzessionäre, z.B. Restaur-ant, Schlüsseldienste oder Frisörgeschäfte. Häufig sind die Eingangsbereiche zu diesen »Nebengeschäften« im Hauptgeschäft nicht alarmgesichert. Dieses kann von Dieben leicht genutzt werden, um aus dem Hauptgeschäft entwendete Waren dort zu verstecken.

### 28. Der »Schubladen- Trick«

Oft wird in den Geschäften vergessen, die Schubladen, Untertische oder auch Glasvitrinen, in denen sich noch ungesicherte Nachfüllware befindet, zu verschließen oder zumindest mit einem Sicherungsetikett, wenn eine Alarmanlage installiert ist, zu versehen.

# 8. Verhalten und Ansprache der Mitarbeiter bei einem Diebstahl

Ein mit entscheidender Punkt, damit es später bei der Festsetzung von der Strafbemessung eines gestellten Ladendiebes nicht zu Irrtümern oder Missverständnissen kommt, ist das korrekte Verhalten der Personen, die den Ladendiebstahl beobachtet haben und als Zeuge fungieren.
Aus diesem Grund gilt es, die nachfolgenden Punkte genau einzuhalten.

Die wichtigsten neun Regeln beim Stellen eines Ladendiebes:

Im nachfolgenden werden neun grundsätzliche Regeln angeführt, die das Unternehmen beim ordnungsgemäßen und rechtskonformen Stellen eines Ladendiebes beachten sollte.

**Regel 1: Einschreiten zum richtigen Zeitpunkt**

Erst wenn der Ladendiebstahl zweifelsfrei feststeht, also tatsächlich beobachtet wurde, sollte eingeschritten werden. Nachträgliche Entschuldigungen beim Kunden, der sich im Nachhinein als »ehrlich« herausstellt, sind nicht nur sehr peinlich, sondern bergen neben der Gefahr, dass man den Kunden für immer verloren hat, eine Klage wegen Falschbezichtigung und Nötigung.

**Regel 2: Ruhe bewahren**

Die verdächtige Person sollte ruhig und vor allem sachlich angesprochen werden. Niemals sollte der Ladendieb vor der anderen Kundschaft bloßgestellt werden. Insofern sollte der Mitarbeiter den gestellten Ladendieb bitten, im »zur Klärung einer Unstimmigkeit« in das Büro zu folgen. Die Praxis zeigt, dass die überwiegende Anzahl der Ladendiebe diesen Aufforderungen Folge leistet.

**Es besteht die Gefahr einer Eskalation: Wenn:**

- alles zu persönlich wird
- zu viel Gefühl im »Spiel« ist
- es wird zu hart durchgegriffen, persönliche Bedrohung des Ladendiebes

**Deshalb:**

- Nicht bei Beleidigungen mit Beleidigungen reagieren
- Das Ehrgefühl nicht verletzten- Ansprache immer »Sie« oder Name, wenn bekannt
- Sachliche Argumentation
- Keine abfälligen Bemerkungen
- Keine drohende Mimik und Gestik
- Aufmerksam Zuhören/ Notizen machen
- Reizwörter vermeiden/ Stimme macht Stimmung

**Rhetorische Beispiele:**

- »Geben Sie sofort die gestohlene CD raus!«

Besser: »Legen Sie bitte die Ware heraus, die Sie nicht bezahlt haben.«

- »Sie wollen mich wohl verarschen.«

Besser: »Woher weiß ich, dass Sie nicht noch mehr in der Tasche haben?«

Es ist weniger wichtig, was wir sagen, es ist wichtiger, wie wir es sagen und es ist entscheidend, wie wir dabei auftreten!

**Regel 3: Beweise sichern**

Auf dem Weg zum Büro muss darauf geachtet werden, dass der Ladendieb die Ware unterwegs nicht ablegt, da gilt: „Kein Beweis - keine Anklage". Es empfiehlt sich, dass auf dem Weg zu den Verwaltungsräumen ein Mitarbeiter hinter dem Verdächtigen läuft.

**Zu beachten ist:** Falls es dem Ladendieb dennoch gelingen sollte, das Beweisstück verschwinden zu lassen, sollte auf jeden Fall trotzdem Strafanzeige erstattet werden. Ansonsten besteht die Gefahr, in zivilrechtliche Auseinandersetzungen hineingezogen zu werden (z.B. Schmerzensgeldforderung wegen Verletzung der Persönlichkeitsrechte). Wer dann erst die Strafanzeige »nachholt«", wird im Regelfall an Glaubwürdigkeit verlieren.

**Regel 4: Fluchtgefahr**

Im Falle der Fluchtgefahr oder der nicht eindeutigen Identifizierung des Ladendiebes hat jedermann eine sogenannte »vorläufige Festnahmebefugnis« gemäß § 127 Strafprozessordnung (StPO).
(§ 127 StPO, Abs. 1, Satz 1: »Wird jemand auf frischer Tat betroffen oder verfolgt, so ist, wenn er der Flucht verdächtig ist oder seine Identität nicht sofort festgestellt werden kann, jedermann befugt, ihn ohne richterliche Anordnung vorläufig festzunehmen«.)

Dem Ladendieb wird erklärt, er sei festgenommen. Dabei darf sowie dies angemessen und erforderlich ist, physische Gewalt angewendet werden. Erlaubt wäre z.B. das Festhalten des Täters am Handgelenk.

**Regel 5: Nur vor Zeugen**

Das Gespräch mit einem überführten Ladendieb sollte grundsätzlich nur im Beisein eines Zeugen geführt werden. Bei weiblichen Ladendieben sollte eine Mitarbeiterin zugegen sein. Damit kann vermieden werden, dass der Beschuldigte später falsche Anschuldigungen gegen das Einzelhandelsunternehmen oder seinen Mitarbeiter erhebt oder sein Geständnis mit der Behauptung widerruft, er sei dazu genötigt oder sogar erpresst worden.

## Regel 6: Keine körperliche Durchsuchungen

Körperliche Durchsuchungen sind grundsätzlich zu unterlassen! Dies ist ausschließlich die Aufgabe der Polizei. Durchsucht werden darf dagegen die mitgeführte Tasche oder eine abgelegte Jacke/Mantel des Ladendiebes, wenn ein konkreter Tatverdacht im Sinne der §§ 229, 859 BGB (erlaubte Selbsthilfe) gegenüber dem jeweiligen Kunden besteht. Dies ist z.B. dann der Fall, wenn ein anderer Kunde oder der beauftragte »Hausdetektiv«, dem die Sicherung der Ware obliegt, Beobachtungen macht, die darauf hindeuten, dass Ware an der Kasse vorbei aus dem Ladengeschäft »geschmuggelt« werden soll.

Liegt dieser konkrete Tatverdacht nicht vor, der Einzelhändler ist sich jedoch sicher, dass ein Kunde Ware gestohlen hat, ohne es gesehen zu haben, ist eine Durchsuchung nur mit dem Einverständnis des mutmaßlichen Ladendiebes möglich.

## Regel 7: Hinzuziehen der Polizei

In folgenden Fällen sollte die Polizei hinzugezogen werden:

- Der Ladendieb kann oder will sich nicht ausweisen
- Er zeigt ein aggressives Verhalten,
- Er wird als Wiederholungstäter erkannt
- Der Wert des gestohlenen Artikels ist verhältnismäßig hoch

## Regel 8: Kinder und Jugendliche

Kinder (bis zur Vollendung des 14. Lebensjahres) können strafrechtlich nicht belangt werden. Dennoch sollten in jedem Falle die Eltern benachrichtigt werden. Wird ein Kind häufiger beim Stehlen erwischt, sollte auch das Jugendamt informiert werden.

## Tipps zum Umgang mit Kindern:

Kinder stehlen häufig, obwohl sie genug Geld zur Verfügung hätten.
Der Ladendiebstahl ist ein typisches Jugenddelikt. Gründe hierfür sind oft mangelndes Unrechtsbewusstsein, Imponiergehabe Gleichaltrigen gegenüber oder auch reine »Abenteuerlust«. Besondere Aufmerksam-keit bedürfen Kinder und Jugendliche, die häufiger bei professionell durchgeführten Ladendiebstählen auffallen. Hier ist eine rasche und angemessene Reaktion von Seiten der Eltern gefragt.

Kinder brauchen Vorbilder und klare Grenzen und Wertmaßstäbe.
Sprechen Sie frühzeitig mit Ihrem Kind über das Thema Diebstahl.
Machen Sie Ihrem Kind bewusst, welche Folgen ein Straftat sowohl für es selbst wie auch für andere Menschen haben kann.
Seien Sie aufmerksam und schauen Sie Ihrem Kind ein wenig auf die »Finger«.
Besitzt es Gegenstände, für die das Taschengeld nicht ausreicht oder die ungewöhnlich für Ihr Kind sind?
Wird das Kind bei einem Diebstahl erwischt, bleiben Sie ruhig. Beschimpfungen und Strafen sind absolut fehl am Platze. Helfen Sie Ihrem Kind, in dem Sie aufzeigen, was einem Geschäft z.B. der Ladendiebstahlsverlust bedeutet und welche Folgen ein Ladendiebstahl auch für die berufliche Zukunft und Ausbildung eines Jugendlichen oder Kindes haben kann. Sie können sich auch an eine Erziehungsberatungsstelle oder das Jugendamt in Ihrer Stadt wenden.

**Regel 9: Irrtum**

Sollte ein ehrlicher Kunde zu Unrecht als Ladendieb verdächtigt werden, ist es von großer Bedeutung, sich bei diesem Kunden ausdrücklich und umgehend zu entschuldigen. In den meisten Fällen kann beim Kunden mittels eines kurzen Gespräches über Umfang und Folgen von Ladendiebstählen Verständnis für die irrtümliche Beschuldigung erzielt werden. Häufig ist es sinnvoll, den zu Unrecht verdächtigten Kunden mit einem kleinem Geschenk oder auch Gutschein zu »besänftigen«.

# 9. Grundsätzliche Vermeidung von Diebstählen

Es gibt vier Möglichkeiten zur Vermeidung von Diebstählen:

**1.Personelle Maßnahmen**

z.B. Mitarbeiterschulungen, Einstellung von zusätzlichen Mitarbeitern im Verkauf oder Detektiven.

**2.Organisatorische Maßnahmen**

z.B. Bessere Verkaufsraumgestaltung, Vermeidung dunkler Ladenzonen durch mehr Lichtquellen, breitere und übersichtliche Gänge.

**3.Psychologische Maßnahmen**

z.B. Kamera- »Dummies«, Hinweisschilder: »Unsere Ware ist elektronisch gesichert« oder »Ladendiebstahl lohnt sich nicht«, Beobachtungspiegel (meist die günstigste Möglichkeit zur Abschreckung).

**4.Technische Maßnahmen**

z.B. Elektronische Artikelsicherungen, Alarmschleusen usw.

**1.Personelle Maßnahmen**

Das wirksamste Mittel, gegen Ladendiebstahl vorzubeugen, ist immer noch der aufmerksame, gut geschulte und sensibilisierte Mitarbeiter im Verkauf.

**1.1.Training und regelmäßige Schulungen**

Am wirkungsvollsten ist die regelmäßige Schulung aller Mitarbeiter, die mit dem Verkauf zu tun haben. Das vorliegende Buch ist auch ein erster Schritt zur Sensibilisierung zum Thema Ladendiebstahl, zumindest für Sie als Leser selbst. Nutzen Sie regelmäßige Veranstaltungen der örtlichen Volkshochschulen, in den Industrie- Handelskammern oder auch bei den örtlichen Polizeidienststellen. Mitarbeiterschulungen vor Ort, bzw. im Geschäft, sollten mindestens einmal im Monat durchgeführt werden und nicht weniger als 2 Stunden betragen, damit das Gehörte und Erlernte beim Mitarbeiter auch haften bleibt und Erkenntnisse rasch in die Praxis umgesetzt werden.

## 1.2.Information und Motivation der Mitarbeiter

Informieren Sie Ihre Mitarbeiter genau, was ein Ladendiebstahl für das Geschäft bedeutet und welche langfristigen Konsequenzen daraus entstehen können, z.B. Arbeitsplatzverlust. Nehmen Sie den Mitarbeitern die Angst vor der Festnahme oder des Stellens eines Ladendiebs. Viele Menschen haben Angst oder Hemmungen davor, andere auf einen Diebstahl hinzuweisen, geschweige denn, jemanden festzuhalten. Wenn Sie Fangprämien bzw. eine Bearbeitungsgebühr (meist 25 Euro oder 50 Euro) von dem Ladendieb verlangen, geben Sie diese an den Mitarbeiter weiter, der den Ladendiebstahl beobachtet und gemeldet hat. Auch ist es sinnvoll, wenn nicht die gesamte Bearbeitungsgebühr an den Mitarbeiter weitergegeben werden soll, zumindest ein kleines »Danke-schön« in Form eines Einkaufsgutscheines des Geschäfts an den Mitarbeiter, der den Diebstahl entdeckt hat, zu geben.

## 1.3.Mitarbeiteranzahl im Betrieb

Wichtig: Immer zu prüfen, ob die Mitarbeiteranzahl, besonders an verkaufsstarken Tagen vor Weihnachten oder Ostern auch ausreichend und angemessen ist. Sensibilisieren Sie Ihre Mitarbeiter dafür, nicht »nur« die normalen Aufgaben im Verkauf zu erledigen, sondern immer ein Auge auf die Kunden zu haben. Dies dient auch der Kundenorientierung und Kundenbindung im Geschäft. Das Motto lautet hier: Immer den Kunden ansprechen!

## 1.4.Einsatz von Sicherheitsmitarbeitern

Natürlich kann auch ein wirksames Mittel sein, Sicherheitspersonal oder ausgebildete Ladendetektive einzusetzen. Nicht immer bestehen die finanziellen Mittel, einen Detektiv für das Geschäft allein einzusetzen. Hier gibt es die Möglichkeit, sich mit Einzelhandelsverbänden beispielsweise oder anderen Geschäften in der Region zusammen zu tun. Es gibt mittlerweile in vielen Städten oder in Einkaufszentren Sicherheitsdienste, die in mehreren Geschäften abwechselnd tätig sind.

## 2. Organisatorische Maßnahmen - Was kann ich tun?

Nicht oder schwer einsehbare Ecken und Winkel des Verkaufsraumes ausfindig machen und beseitigen, z.B. durch die Änderung des Kassenstandortes, die Einrichtung von Mitarbeiterarbeitsplätzen sowie die Installation von Beobachtungsspiegeln.

Die übersichtliche Gestaltung des Verkaufsraumes durch das Anbringen von Gondeln und Regalen lediglich bis in Augenhöhe (max. 1,80m) sowie den sparsamen Einsatz von der Decke herabhängenden Hinweisschildern und Plakaten.

Die Platzierung diebstahlgefährdeter Artikel an Stellen, die von den Mitarbeitern bequemer und besser einsehbar sind.

Die Vermeidung dunkler Verkaufsraumzonen durch eine ausreichende Beleuchtung.

Die Trennung von Personal- und Warenwegen.

Die Erhöhung des Kassenstandortes (Podium) zwecks besserer Übersicht.

Die Vermeidung des Parkens privater Pkws der Mitarbeiter in unmittelbarer Nähe des Geschäftseingangs oder der Warenannahme.

## 3. Psychologische Maßnahmen

Eine sehr einfache aber wirkungsvolle psychologische Maßnahme besteht in der aktiven Ansprache und Begrüßung der Kunden. Die Verkaufsmitarbeiter signalisieren damit, dass die Kunden wahrgenommen wurden und im Auge behalten werden.

Außerdem ist die richtige Begrüßung auch ein wichtiges Kundenbindungsmittel.

Besonders verdächtig wirkende Kunden sollten von den Mitarbeitern angesprochen werden z.B. »Wenn Sie Fragen haben, stehe ich Ihnen gerne zur Verfügung«.

Auch gut sichtbare Warnschilder »Unsere Ware ist elektronisch gesichert«, »Wir zeigen jeden Ladendieb an« führen zu einer erhöhten Hemmschwelle und mindern somit die Bereitschaft zum Laden-diebstahl.

Die meisten Ladendiebe sind Gelegenheitsdiebe und nutzen häufig nur die günstige Gelegenheit zum Diebstahl.

Einzelhandelsunternehmen der Lebensmittelbranche stellen seit einiger Zeit häufig zum Schutz ihrer Ware Hinweisschilder in den Eingangsbereich ihrer Märkte oder Geschäfte, die Kunden auffordern, ihre Taschen an einer bestimmten Stelle abzugeben (z.B. an der Information oder in Schließfächern), andernfalls hätten sie mit Taschenkontrollen an der Kasse zu rechnen.

Nach der Rechtsprechung des Bundesgerichtshofes vom 03.11.1993 (VIII ZU 1206/93) und des Oberlandesgerichts Frankfurt (Urteil vom 06.07.1995, AZ I U 93/94) gilt eine im Eingangsbereich eines Einzelhandelsmarktes angebrachte Hinweistafel, wonach die Kunden gebeten werden, ihre mitgeführten Taschen an einer bestimmten Stelle ab-zugeben, andernfalls sie mit Taschenkontrollen an der Kasse zu rechnen hätten, lediglich als »höfliche Bitte« des Händlers an die Kunden, freiwillig ihre Taschen abzugeben oder deren Inhalt an der Kasse vorzuzeigen.

Festzuhalten bleibt, dass die Aufstellung solcher Hinweisschilder Taschenkontrollen nicht legitimieren. Das Recht, aufgrund von Hinweisschildern Taschenkontrollen beliebig durchzuführen, kann sich ein Einzelhandelsunternehmen auch nicht durch die Aufnahme eines gleichlautenden Passus in den Allgemeinen Geschäftsbedingungen einräumen. Nach der bisherigen Rechtsprechung sowie dem nun ergangenen Urteil des Bundesgerichtshofes darf eine Formulierung, die lediglich eine Bitte darstellt, deren Nichtbefolgung sanktionslos bleibt, verwandt werden.

**4. Technische Maßnahmen**

Technische Maßnahmen zur Ladendiebstahlabwehr stellen eine sinnvolle Ergänzung zur Schulung der Mitarbeiter dar. Das Angebot technischer Maßnahmen zur Ladendiebstahlvermeidung ist vielfältig. Es reicht von technisch einfachen Einzelmaßnahmen bis hin zu hochtechnischen Gesamtkonzeptionen.

ADT Sensormatic/ Essen

Für welche Maßnahmen sich der Betrieb entscheidet, hängt vom Betriebstyp, der Geschäftslage, den baulichen Vorausset-zungen sowie seinen finanziellen Möglichkeiten ab. Siehe auch Kapitel Möglichkeiten elektronischer Absicherungen.

**Allgemeine Tipps zur Vermeidung von Ladendiebstählen**

An dieser Stelle werden nochmals 11 einfache aber effiziente Maßnahmen zur Ladendiebstahlvermeidung vorgestellt, die sich im Gegensatz zu den komplexeren technischen Warensicherungssystemen, größtenteils durch einen geringen finanziellen Aufwand realisieren lassen.

**1.** Weisen sie alle Mitarbeiter an, grundsätzlich jeden Kunden zu begrüßen, auch wenn die Verkaufskraft noch einen anderen Kunden bedient. Damit weiß der Kunde, dass er bemerkt wurde. Der ehrliche Kunde dürfte sich gedulden, bis er bedient wird, während der potentielle Ladendieb damit rechnen muss, dass er beobachtet wird und deshalb meist seine Diebstahlabsicht aufgibt.

**2.** Schulen Sie Ihre Mitarbeiter im Erkennen und Beobachten von Ladendieben. Durch die Gewährung von Fangprämien können Mitarbeiter zur Mithilfe bei der Ladendiebstahlbekämpfung motiviert werden. Regelmäßige gezielte Schulungen sensibilisieren das Personal.

**3.** Motivieren Sie Ihre Mitarbeiter dazu, selbst Vorschläge zur Verbesserung der Sicherheit des Ladenlokals zu machen. Damit beziehen Sie Ihre Mitarbeiter aktiv in das Geschehen ein. Setzen Sie dann aber auch gute und brauchbare Vorschläge Ihrer Mitarbeiter in die Praxis um.

**4.** Zahlen Sie Prämien an Ihre Mitarbeiter, wenn die Inventurdifferenz um einen vorher festgelegten Betrag sinkt.

**5.**Lassen Sie einen Kunden nie alleine mit wertvoller Ware im Geschäft.

**6.**Preisschilder sollten nach Möglichkeit am Artikel selbst und nicht an entfernbaren Verpackungen angebracht werden. Hochwertige Artikel können mit zwei Etiketten (eines deutlich sichtbar, das zweite etwas versteckt, aber der Kassierkraft bekannt) versehen werden.

**7.** Zuverlässige Eingangskontrollen sind die beste Maßnahme gegen Lieferantendiebstahl. Vergleichen Sie Lieferschein und Ware und leiten

Sie die Ware unverzüglich ans Lager oder zur Auszeichnung weiter. Angebrochene und beschädigte Gebinde sollten nicht angenommen werden.

**8.** Beugen Sie dem Personaldiebstahl vor, indem das Verlassen und Betreten des Ladenlokals nur über kontrollierte Personalein- und ausgänge ermöglicht wird, das Haus nur mit Genehmigung während der Arbeitszeit verlassen werden darf und die Personalräume vom Verkaufsraum strikt getrennt sind.

**9.** Dem Personaldiebstahl im Kassenbereich kann durch folgende Maßnahmen vorgebeugt werden:

- durch unregelmäßige, häufige Kassenstürze
- durch die Auflage, dass jede Kassierkraft ein Kassendifferenzbuch zu führen hat sowie Fehlbons nur in Gegenwart von Kunden durch Vorgesetzte abgezeichnet werden.

**10.** Gestalten Sie Ihren Verkaufsraum übersichtlich. Beseitigen Sie schwer einsehbare Gänge und tote Ecken. Schaffen Sie eine ausreichende Beleuchtung!

**11.** Die Praxis zeigt, dass lediglich 10 bis 15% der Artikel eines Einzelhandelsunternehmen für über 80% der entstehenden Verluste durch Ladendiebstahl verantwortlich gemacht werden (Pareto- Prinzip). Es empfiehlt sich sogenannte »Rennerlisten gestohlener Artikel« anzulegen und diese besonders diebstahlgefährdeten Artikel gezielt zu sichern. Denn nur wenn der einzelne Händler seine »kritischen Artikel« kennt, kann er dem überwiegenden Teil seiner Verluste vorbeugen.

# 10. »Jedermannsrechte« kennen und anwenden

Es ist u.a. auch notwendig, dass jeder, der ein Geschäft betreibt oder führt, sich mit der aktuellen Gesetzeslage vertraut macht und diese auch kennt und bewusst anwendet. In Deutschland werden die Gesetze und Rechte, die jede Privatperson hat und anwenden darf, die sogenannten »Jedermanns-Rechte«.

Diese haben für alle Personen dieselbe Gültigkeit, auch für Ladendetektive. Hier herrscht häufig noch die Meinung vor, dass Ladendetektive oder Sicherheitskräfte mehr bzw. gesonderte Rechte habe. Dies ist nicht richtig.

Die wichtigsten Gesetze, die u.a. für Ladendiebstahl und das Verhalten beim Stellen eines Ladendiebs gültig sind und im deutschen Recht Anwendung finden, sind auf den nachfolgenden Seiten ausführlich erklärt.

**Ladendiebstahl oder Betrug?**

Eine Abgrenzung zwischen Ladendiebstahl oder Betrug ist nicht immer leicht.

Der Bundesgerichtshof hat 1995 entschieden, dass es sich um einen Diebstahl handelt, wenn jemand z.B. im Einkaufswagen Waren versteckt, sie an der Kasse nicht auf das Band legt, die Verkäuferin nichts merkt und der Kunde nach dem Bezahlen Waren vom Band einpackt.

Dies nehmen die Richter auch dann an, wenn an der Kasse gefragt wird, ob alle Waren vorgelegt wurden und diese Frage wahrheitswidrig beantwortet.

Im Anhang Hinweise und Begriffserläuterungen.

Um einen Betrug handelt es sich dann, wenn der Kunde die Aufkleber mit Strichcodes austauscht oder Preisschilder vertauscht. Hier will der Kunde betrügen, d.h. die Ware zu einem günstigeren Preis erhalten (BGH Beschluss vom 24.07.1995).

Rechtlich gesehen kommt in solchen Fällen zu einem Betrug eine Urkundenfälschung hinzu, wenn es sich um eine räumlich feste Verbindung zwischen Ware und Preisschild gehandelt hat.
Auch solch ein Betrug sollte unbedingt zur Anzeige gebracht werden.

**Beispiele aus der Praxis: Häufige Betrügereien**

**Trick 1:** Das Preisetikett einer Ware wird entfernt und gegen ein günstigeres Etikett ausgetauscht (§ 263 Betrug StGB Täuschungshandlung)

**Trick 2:** Der Täter kauft ein Produkt, bezahlt es und verlässt das Geschäft. Meist am gleichen Tag kommt er ohne Ware in das Geschäft zurück, nimmt ein identisches Produkt und tauscht es an der Kasse gegen Vorlage des Beleges vom vorherigen Kauf gegen Bargeld um.

**Trick 3:** Der Täter sucht vor dem Geschäft einen Beleg mit genau bezeichneter Ware, den eine anderer Kunde weggeworfen oder verloren hat. Er nimmt die entsprechende Ware und tauscht sie gegen Bargeld um.

**Trick 4:** Der Täter entnimmt Waren aus dem Geschäft. Anstatt sie an der Kasse zu bezahlen, tauscht er sie sofort gegen Bargeld um. Trotz des fehlenden Beleges klappt diese Methode in vielen Geschäften aufgrund der Kundenfreundlichkeit und Serviceorientierung.

**Deshalb:** Grundsätzlich, wenn baulich möglich, Umtausch vor Betreten des Geschäftes.

**Ladendiebstahl**

Voraussetzung für die Strafbarkeit ist beim Ladendiebstahl die Wegnahme »in der Absicht, dieselbe (die Sache) sich rechtswidrig anzueignen«, d.h. der Täter muss mit Vorsatz, mit Wissen und Wollen weggenommen und mit Zueignungsabsicht gehandelt haben. Damit die Ausrede, das Diebesgut sei versehentlich oder durch das dreijährige Kind in die Tasche gelangt, vor Gericht keinen Erfolg hat, sollte der Zeuge des Diebstahls den Vorsatz belegen können, indem er z.B. schildern kann, dass der Angeklagte sich vor der Wegnahme vergewissert hat, ob er nicht beobachtet wird. Nur eine genaue Beobachtung des Tathergangs macht es möglich Verhaltensweisen, wie zielgerichtetes Zu-greifen oder bewusstes Verstecken der Ware darzulegen und eine solche Einlassung zu entkräften. Aus Beweisgründen sollte mit dem Zugriff gewartet werden, bis dass der Ladendiebstahl vollendet ist. Vollendung ist erreicht, wenn der Dieb eine Sache weggenommen hat, d.h. wenn er den Gewahrsam des Ladeninhabers oder dessen Personal an der Sache gebrochen und er selbst oder ein Dritter Gewahrsam daran erlangt hat.

Dies bedeutet nicht, dass man unbedingt warten muss, bis der Verdächtige die Kasse passiert hat.

Vollendet ist die Wegnahme nach der heutigen Rechtssprechung bereits, wenn jemand:

- Sachen in den Räumen des Bestohlenen versteckt
- im Selbstbedienungsladen Waren in die Tasche steckt
- zum Verkauf angebotene Lebensmittel isst oder trinkt, ohne sie dabei offen in den Einkaufswagen zu legen
- Sachen im Einkaufswagen versteckt
- Sachen unter seiner Kleidung verbirgt
- Sachen in einem Behältnis versteckt und den Kassenbereich verlässt

**Fangprämie / Bearbeitungsgebühr**

Häufig werden Ladendiebstähle durch Fangprämien an wachsame Kunden oder Personal gefördert. Sie liegt in der Regel bei 25 Euro bis 50 Euro. Der Dieb ist verpflichtet, das gestohlene Gut unverzüglich an den Eigentümer zurückzugeben. Kommt er einer entsprechenden Auffor-derung nicht nach, kann ihm die Ware notfalls mit Gewalt abgenommen werden. Zu dieser Selbsthilfe sind der Besitzer, d.h. der Ladeninhaber, die Detektive und das Verkaufspersonal nach Paragraph 859,860 BGB berechtigt. Dieses Recht umfasst jedoch nicht die Leibesvisitation. Körperliche Durchsuchungen dürfen grundsätzlich nur von der Polizei durchgeführt werden. Eine mitgeführte Tasche, eine abgelegte Jacke oder Mantel des Diebes, die sich also nicht unmittelbar am Körper des Täters befinden, dürfen nur mir dessen ausdrücklicher Erlaubnis durchsucht werden, es sei denn es besteht ein konkreter Tatverdacht.

**Wichtig:** Es sollte ein Hinweisschild im Geschäft angebracht werden mit dem Hinweis: »Jeder Ladendiebstahl wird zur Anzeige gebracht. Wir erheben eine Bearbeitungsgebühr von XY Euro«. Auch die Taschenkontrollklausel eines Supermarktes: »Jeder deponiert seine Tasche, Korb, Beutel im Auto oder in dafür vorgesehenen Schließfächern, ansonsten erklärt er sich bereit, seine Einkaufsbehältnisse an der Kasse zu öffnen« wird von der Rechtssprechung als unzulässig verworfen. Auch die Ladendetektive haben keine anderen Rechte als der Ladeninhaber oder das Verkaufspersonal, da sie keine Amtspersonen, sondern lediglich Privatpersonen sind.

# 11. Der »untreue« Mitarbeiter/ Tipps zur Vorbeugung

Über das Thema »Mitarbeiterdiebstahl« wird im Handel nur ungern ge-sprochen. Dabei belegen viele Untersuchungen in Einzelhandelsunternehmen übereinstimmend folgende Ergebnisse: 40 bis 50 Prozent der Inventurdifferenzen im Handel entstehen durch eigene Mitarbeiter und Aushilfspersonal. Die Hälfte der internen Verluste entsteht im Kassenbereich. Ein unkorrekter Mitarbeiter richtet im Durchschnitt zehn Mal soviel Schaden an wie ein Ladendieb.

Allerdings ist es auch nicht leicht, einen Mitarbeiter des Diebstahls zu überführen. Meist geschieht dies nur mit speziellen Überwachungsmaßnahmen, wobei vorher in vielen Unternehmen vorher die Zustimmung des Betriebsrates eingeholt werden muss. Dies betrifft insbesondere den Einsatz von Videokameras zur Mitarbeiterüberwachung, was gesetzlich seit April 2003 erlaubt ist.

**§ Neues Urteil BAG April 2003**

Ein Unternehmen darf Mitarbeiter mit Videokameras verdeckt überwachen, wenn ein hinreichend konkreter Verdacht auf Diebstahl, Betrug oder Unterschlagung besteht, der nicht oder nur schwer mit anderen, das Persönlichkeitsrecht der Klägerin wahrenden Mitteln geklärt werden kann.
Eine Kündigung auf Grund per Videoaufnahme erfolgter Beweisführ-

ung ist zulässig, auch wenn die Zustimmung des Betriebsrates vorher nicht eingeholt wurde. Es reicht, wenn der Betriebsrat später der Kündigung in Kenntnis des durch die Überwachung gewonnenen Beweismittels zugestimmt hat.

Bei begründetem Verdacht kann auch eine Möglichkeit sein, Testkäufe von Mitarbeitern der eigenen Revision (bei Filialunternehmen) oder auch von externen Beratern durchführen zu lassen. Infos unter: www.lemke-training.de/mystery-shopping-testkauf.

Des weiteren sollten im Geschäft immer klare und eindeutige Regeln und Verhaltensmaßnahmen aufgestellt sein, was z.B. Personaleinkäufe oder auch das Verlassen des Geschäftes nach Geschäfts- oder Dienstschluss betrifft.
Checklisten dazu als Anlage im Anhang des Buches.

Auch ist es immer noch eine Seltenheit, dass ein Mitarbeiter im Falle eines Falles einen Kollegen anzeigt – hier besteht bei vielen Menschen noch immer eine gewisse Hemmschwelle, die es zu überwinden gilt.

Eine fast unverständliche Tatsache, geht es doch letzten Endes um die Existenz eines jeden in einem Unternehmen.

**Gründe:**

Es ist selten, dass ein Mitarbeiter mit dem Vorsatz unehrlich zu sein oder den »Chef zu betrügen« zur Arbeit erscheint. Vielmehr werden auch vom Vorgesetzten Fehler im Umgang und Verhalten mit dem Mitarbeiter gemacht:

Der Mitarbeiter hat ein fehlendes Unrechtsbewusstsein und meint, in den Verkaufspreisen sei alles mit einkalkuliert. Dem Mitarbeiter fehlen Informationen, wie die Verkaufskalkulation aussieht.

Auch ein schlechtes Betriebsklima kann zur Unehrlichkeit von Mitarbeitern führen. Motto: »Dem Chef wische ich eins aus«.

Soziale Probleme wie etwa Überschuldung, Alkoholmissbrauch oder auch kriminelle Veranlagungen bei Mitarbeitern führen häufig zu Delikten. Es sollte ein Grundsatz für jede Führungskraft sein, sich mit den Problemen seiner Mitarbeiter ausführlich zu beschäftigen und wenn möglich immer Hilfe anzubieten.

Auch ein Missmanagement des Betriebes kann zur Unehrlichkeit verleiten. Wenn trotz höherer Inventurverluste keine Maßnahmen eingeführt werden, um Mitarbeiterdelikte ausschließen (Personalkontrollen am Ausgang oder auch Taschenkontrollen), ist es nicht verwunderlich, wenn Gelegenheit Diebe macht.

Die meisten »Unehrlichkeiten« geschehen an der Kasse. Der Schaden durch Kassenmanipulationen wird schon heute auf 0,2 bis 0,6% vom Einzelhandelsumsatz geschätzt. Deshalb ist es für jedes Unternehmen unerlässlich, diesem Bereich eine besondere Aufmerksamkeit zu schenken. Hauptbetrügereien an der Kasse sind:

- Das falsche Eintippen von Beträgen, etwa 2,24 Euro statt 22,40 Euro

- Das Arbeiten mit offener Kassenschublade

- Das Gewähren von unberechtigten Rabatten an Dritte

- Komplizenschaft zwischen dem Kassenmitarbeiter und einem Kunden, Verwandten oder Bekannten.

- Falsche Leergutbuchungen (im Lebensmittelhandel)

- Sofortstornos

- Preisüberschreibungen bei Wettbewerberpreisangleich

- Umbuchungen

Ein Fall aus der Lebensmittelbranche vom April 2003 dokumentiert das Vorgehen:

Eine Kassiererin hatte mit einer Bekannten Waren im Wert von 15.000 Euro innerhalb eines Jahres durch die Kasse eines Verbrauchermarktes geschleust. Die Komplizin kam als Kundin und lud Waren auf das Kassenband, die von der Kassiererin nur teilweise abgerechnet wurden. Das Urteil lautete ein Jahr Freiheitsstrafe auf Bewährung und eine zusätzliche Geldstrafe.

**Prävention**

Um solche Fälle zu vermeiden, ist es wichtig, gezielte Maßnahmen zur Vorbeugung zu treffen:

Dies können sein:

- Regelmäßige Kassenkontrollen, auch Kassenstürze genannt, ohne Vorankündigung
- Personalfluktuation gering halten- schon in den Einstellungsgesprächen sorgfältig sein und prüfen, welche Einstellung hat der mögliche neue Mitarbeiter, wie ist sein Lebensstandard bisher und welche Ansprüche hat er?

- Regelmäßige Schulungen im Geschäft über alle Themen der Diebstahlvorbeugung und des richtigen Kassiervorgangs.

- Motivation der Mitarbeiter - demotivierte Mitarbeiter neigen eher dazu, nicht immer ehrlich zu sein. Nicht mit Lob sparen, wenn ein Mitarbeiter etwas gut gemacht hat

- Prämien oder Vergünstigungen für die Mitarbeiter. Oft hilft eine kleine Prämie als Anreiz für den Mitarbeiter, mehr auf Ladendiebe zu achten.

- Information der betriebswirtschaftlichen Zusammenhänge eines Geschäfts- Erläuterung, was eine Inventurdifferenz für die Ertragslage oder den Gewinn bedeutet.

Sollte all dies nicht helfen, gibt es auch technische Möglichkeiten durch Bondatenanalysen die Fehler oder den Missbrauch an der Kasse aufzudecken. Der Einsatz einer Kassensoftware ist jedoch nur mit einer entsprechenden Betriebsvereinbarung durchzuführen. Die Mitarbeiter müssen außerdem darüber informiert sein und es entstehen erhebliche Kosten.

## 11.1 Umgang mit Fremdlieferanten

Wie die Statistik beweist, verursachen auch Lieferanten oder anderes Fremdpersonal nicht unerhebliche Inventurdifferenzen oder begehen Ladendiebstähle.

- •47,6% Kundendiebstahl
- •23,6% Mitarbeiterdelikte
- •20,7% Organisatorische Schwachstellen
- •8,1% Lieferanten

*Quelle: EHI (Eurohandelsinstitut Köln Juni 2006)*

**Zum Fremdpersonal zählen:**

- •Alle Personen, die nicht zum Verkaufspersonal gehören, sich aber unregelmäßig im Geschäft aufhalten oder bewegen dürfen
- •Außendienstmitarbeiter, Lieferanten, Werbemitarbeiter, Sicherheitsmitarbeiter, Bekannte usw.

Auch hier gilt: Gelegenheit macht Diebe! Deshalb klare Anweisungen auch für das Fremdpersonal!

**Tipps und Hinweise:**

- •Personal- und Lieferanteneingänge mit einer Überwachungskamera sichern
- •Sorgfältige Wareneingangskontrollen

- Kein zu großes Vertrauen, auch wenn der Lieferant bekannt ist

- Lagerräume sollten verschlossen sein

- Ware nicht in Gängen oder Treppenhäusern lagern
- Betriebsfremdes Personal soll sich an einer dafür vorgesehenen Stelle an- und abmelden- z.B. mit zeitlich begrenzter Legitimation, Ansteckausweis

- Keine Scheu zeigen- Fremde Personen immer nach dem Grund ihrer Anwesenheit fragen. Nicht jeder der Arbeitskleidung trägt, ist auch berechtigt, in allen Räumen herumzugehen

- Bei längeren Arbeiten von Fremdmitarbeitern, z.B. Handwerkern, unregelmäßige Kontrollen durchführen. Kontrollen können auch vorher vereinbart werden, dies erhöht die Hemmschwelle der Fremdarbeiter überhaupt zu stehlen

- Lagerräume für Materialien oder Putzmittel getrennt von Lagerräumen für die Ware

- Verfahren Einkauf vom Fremdpersonal wie bei den eigenen festen Mitarbeitern

# 12. Anforderungen an Ladendetektive

Eine gute, wenn auch teuere Möglichkeit, den Ladendiebstählen »Herr« zu werden, ist der Einsatz von Ladendetektiven. Hierbei ist es entscheidend, dass Sie den »richtigen« Mann finden, was nicht immer einfach ist.

Informieren Sie sich bei Ihrer regionalen Polizeistelle, welche Detekteien einen »guten Ruf« haben und wer Ihnen empfohlen wird.

Infos auch beim Bundesverband Deutscher Detektive, BBD in Bonn

Auf was ist zu bei der Einstellung von Ladendetektiven oder bei einem Unternehmen, welches Detektive beschäftigt, zu achten:

**1.** Das gemäß § 34a der Gewerbeordnung (GeWo) ordnungsgemäß als Gewerbebetrieb angemeldet ist; Außerdem sollte eine Sachkundeprüfung einer Industrie- und Handelskammer vorliegen.

**2.** Nur mit nachweislich festangestellten Kaufhausdetektiven gearbeitet wird

**3.** Keine Detektive beschäftigt werden, die einschlägig vorbestraft sind (polizeiliches Führungszeugnis gibt hier Auskunft), permanent in Ermittlungsverfahren verwickelt sind und extreme wirtschaftliche Probleme haben.

**4.** Über eine Betriebshaftpflichtversicherung und eine Strafrechtschutzversicherung für den Gesamtbetrieb verfügen und

**5.** Ihre Mitarbeiter nachweislich und permanent weiterbilden, (Schulungsnachweise sich zeigen lassen). Dies ist insofern wichtig, da im Falle einer Regressforderung einen Kunden, der Auftraggeber durch den Nachweis des Einsatzes Geschulter Detektive seiner Auswahl- und

Überwachungspflicht nachkommt und sich damit ggf. rechtfertigen kann.

## Zusammenfassung zum Schnelllesen: Anforderungsprofil für Ladendetektive

Folgendes sollten Sie unbedingt bei Einstellung von Detektiven beachten:

**1.** Die besondere Erlaubnis nach Paragraph 34a GeWo. Erlaubnisurkunde/ Gewerbeanzeigen der zuständigen Gemeinde/Stadt zeigen lassen(Gewerbeanmeldung ist unzureichend).
Die besondere Erlaubnis beinhaltet folgende Nachweise: Unterrichtungsnachweise über notwendige rechtliche Vorschriften, Auszug aus der Schuldnerkartei, polizeiliches Führungszeugnis Belegart O, Nachweis einer Haftpflichtversicherung evtl. Nachweis über ausreichendes Startkapital zum Führen eines Betriebes.

**2.** Nur mir nachweislich festangestellten Detektiven arbeiten. Viele »Subunternehmer« sind Scheinselbständige, die vorsätzlich Sozialversicherungsbeiträge hinterziehen und keine Beiträge zu z.B. Berufsgenossenschaften leisten.

**3.** Keine Detektive beschäftigen, die einschlägig vorbestraft sind oder permanent in Ermittlungsverfahren verwickelt sind (fehlende soziale Kompetenz)

**4.** Die deutsche Sprache in Schrift und Wort sollte beherrscht werden, denn sonst entstehen Imageschäden durch unzureichende Sachbearbeitung oder Verständigungsschwierigkeiten.

**5.** Keine Detektive einstellen, die extreme wirtschaftliche Probleme haben, z.B. Überschuldung, Lohnpfändung usw. Vorher Auskünfte einholen.

**6.** Auf gültige Haftpflichtversicherungsnachweise achten
**7.** Auf eine universal gültige Straf-Rechtsschutzversicherung und Ver-

mögensschaden-Haftpflichtversicherung für den gesamten Betrieb achten, regelmäßig Nachweis fordern.

**8.** Detektive nachweislich schulen lassen oder Nachweise über Schulungsmaßnahmen des Detektivs fordern.
**9.** Detektive sollten über weitergehende Kenntnisse zur Eindämmung von Inventurverlusten verfügen, z.B. Besuch von Seminaren zu diesem Thema.

**10.** Aussagekräftige Referenzen verlangen

**11.** Internes Kontrollsystem der Detektei erläutern lassen.

**12.** Büroräume und Ausstattung einsehen lassen.

**Was kann der Detektiv erwarten?**

- Einen schriftlichen Bewachungsvertrag

- Entsprechende Vertragsdauer

- Mindestens 6 Monate, mit sozialvertraglicher Kündigungsfrist

- Adäquate Honorierung

- Angemessene Entlohnung der angestellten, qualifizierten und charakterfesten Detektive

- Erstattung anfallender Nebenkosten, Fahrtkosten, Übernach tungen, Spesen

- Erstattung eventueller Vorladungen vor Gericht oder Polizei

- Plausible und sachgerechte Beurteilungskriterien

- Nicht nur Feststellung der sichergestellten Artikel und Warenwerte, sondern Daten über die Entwicklung von Inventurdifferenzen.

# 13. Möglichkeiten von elektronischen Absicherungen

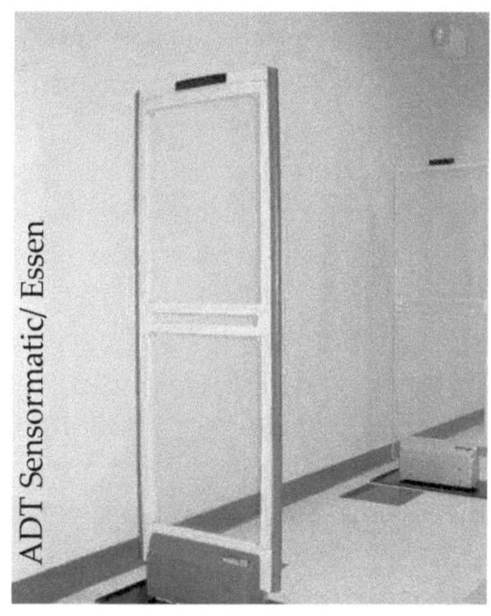


Technische Maßnahmen stellen immer eine gute und sinnvolle Ergänzung zur Weiterbildung und Schulung der Verkaufsmitarbeiter dar. Das Angebot ist aktuell sehr vielfältig. Es reicht von einfachen, mechanischen Maßnahmen bis hin zu ausgefeilten, technisch an-spruchsvollen elektronischen Hilfsmitteln. Für welche Maßnahmen sich ein Geschäft oder Betrieb entscheidet, hängt immer vom Betriebstyp, der Geschäftslage, den baulichen Voraussetzungen sowie den finanziellen Möglich-keiten ab. Besonders in Geschäften und Betrieben, in denen hochwertige Waren oder technische Geräte oder auch kleine hochwertige Produkte angeboten werden, spielt die Sicherung eine wichtige Rolle.

Das Funktionsprinzip ist im Grundsatz bei allen gleich. Die Artikel werden durch Spezialetiketten gesichert. Diese Etiketten können durch berechtigtes Personal entfernt bzw. deaktiviert werden. Sobald ein Kunde versucht, mit unbezahlter Ware den Laden zu verlassen, wird ein Alarm ausgelöst.

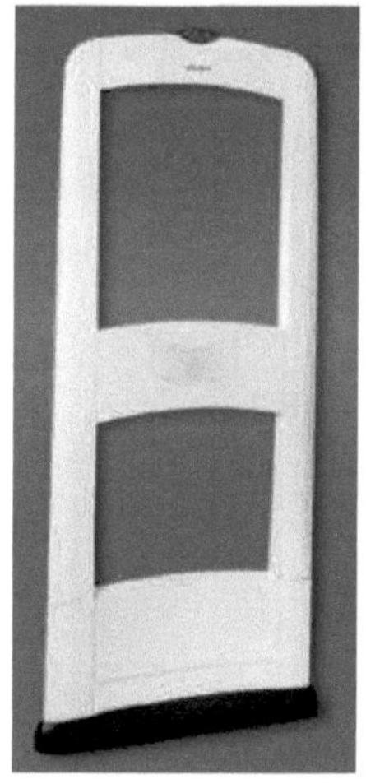

**Elektronische Artikelsicherung ( EAS)**

Auf dem Markt haben sich unterschiedliche Systeme der elektronischen Artikelsicherung ( EAS) etabliert, die nach verschiedenen technischen Verfahren arbeiten.

Die Empfangs- bzw. Detektionseinrich-tungen sind je nach verwendeter Technik als Schleusensystem mit seitlich angeordneten Detektionsantennen, als Boden-systeme, als Überkopfsysteme als integrierte Systeme, z.B. in Schaufensterpup-pen, anzutreffen. Als Sicherungsetiketten kommen je nach verwendeter Grundtechnik Hart-, Klebe- und Softetiketten in Betracht. Diese werden mit einem speziellen Verschluss und Spezialnadeln an der Ware befestigt.

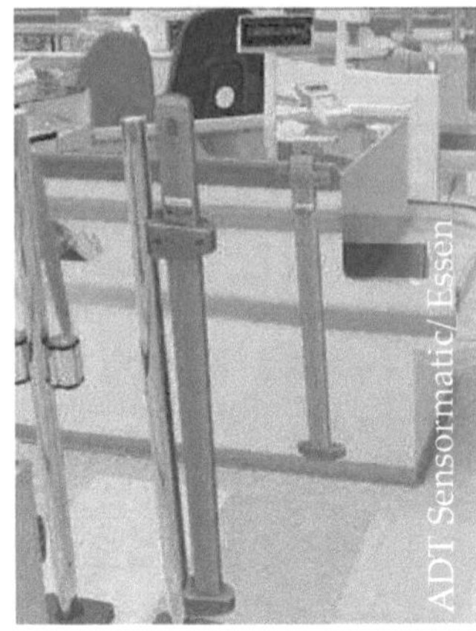
ADT Sensormatic/ Essen

Das gefahrlose und beschädigungsfreie Entfernen der Sicherungseti-ketten vom Produkt ist nur mit speziellem Gerät, z.B. mit Spezialmagneten, mechanischen , pneumatischen oder elektronischen Lösezangen möglich.

Die drei unterschiedlichen Basistechnologien für EAS, die sich in der Praxis durchgesetzt haben, werden im Folgenden vorgestellt.

Sie unterschieden sich geringfügig hinsichtlich ihrer spezifischen Vor- und Nachteile und sind untereinander nicht kompatibel.

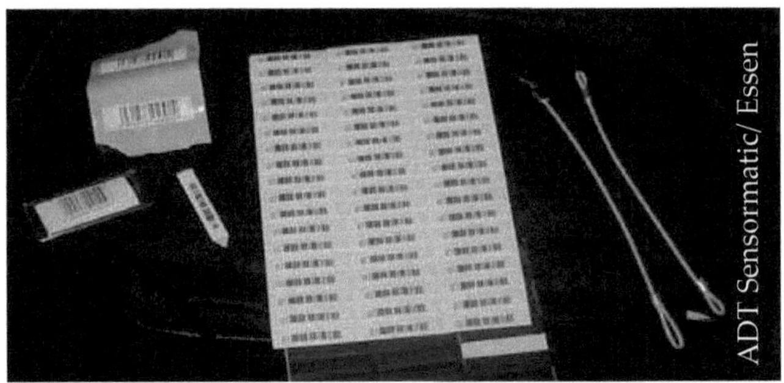
ADT Sensormatic/ Essen

Alle bisherigen
Versuche, die EAS zu standardisieren und zu einer einheitlichen Technologie zu gelangen, sind gescheitert.

Auch künftig ist davon auszugehen, dass alle drei Technologien nebeneinander angeboten werden.

**Radio- Frequenz- Technik**

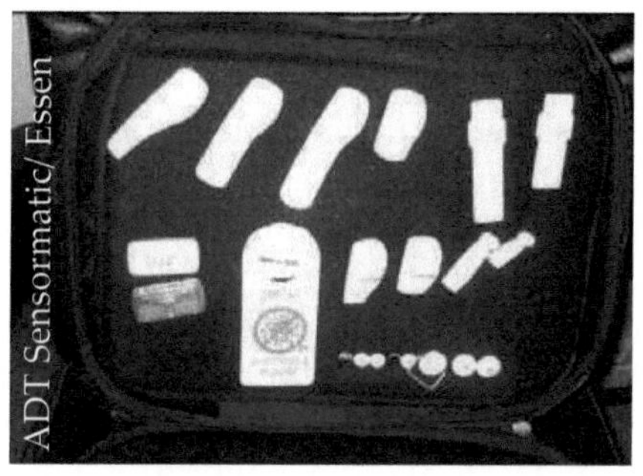


Bei der Radio- Frequenz- Technik wird durch Sende- und Empfangstechnik ein räumlich begrenztes Radiofrequenzfeld erzeugt. Für die Detektion- die Auslösung des Alarms- kommen Ein- oder Mehrantenn-ensysteme in Frage.

Bein Einantennensystem sind Sender und Empfänger kombiniert untergebracht. Damit lassen sich bei Mittelstellung der Antenne Ausgänge in Abhängigkeit der eingesetzten Etiketten bis zu einer Durchgangsbreite von 2,40 m absichern.

Aus technischen Gründen ist eine Aneinanderreihung des Einantennensystems nicht möglich, so das bei größeren Durchgangsbreiten getrennte Sende-/und Empfangsantennen montiert werden müssen. Hier lassen sich Ausgänge von 10 und mehr Metern mit vielen Antennen überwachen.

Für die Warensicherung kommen alle gängigen Etikettenarten wie Hart-, Soft- und Papieretiketten in Frage.

Die Detektion lässt sich weder durch Körperabschirmung noch durch dicke Taschen vermeiden.

Metallische Waren lasen sich nicht absichern, da hier die Radiowellen eliminiert werden.

Daher sollte der Handel mit Computern und Zubehör sowie Elektro- ,Rundfunk-,Fernseh- und Phonogeräte andere Systeme einsetzen.

Die RF- Technik hat eine durchschnittliche Detektionsrate, d.h. eine gute Auslösequalität und ist universell einsetzbar. Schwer-punkte liegen im Textil- und Lederwarenbereich.

**Elektromagnetische Technik (EM)**

Sie basiert auf dem Metalldetektionsprinzip. Ein ausgewähltes Metall sowie eine spezielle Codierung werden von der Elektronik erkannt und lösen einen Alarm aus. Der Nachteil ist die geringe Durchgangsbreite des Antennensystems von 0,8 bis 1 Meter. Fluchtverordnungen schreiben heute Durchgangsbreiten von zwei Metern vor.
Bei einem Einsatz von drei Antennen kann die Durchgangsbreite auf max. zwei Metern ausgedehnt werden. Als Sicherungselemente kommen Hartetiketten bevorzugt Papierklebeetiketten in unterschiedlichsten Formen zum Einsatz.

Der Vorteil der EM- Technik liegt in der guten Erkennungs- und Auslösungsqualität sowie der universellen Einsetzbarkeit.
Die EM- Absicherung ist insbesondere in den Bereichen EDV, EDV-Zubehör, Tonträger, Videos, Bücher sowie im Schuheinzelhandel anzutreffen.

Metallische Gegenstände können bedingt mittels EM- Technik gesichert werden.

**Akustomagnetische Technik (AM)**

Bei der akustomagnetischen Technologie senden die Antennen im Ausgangsbereich Ultraschall- Schwingungen aus. Die Hart- bzw. Klebeetiketten enthalten zwei dünne Metallplättchen, die von den Antennen in Eigenschwingungen versetzt werden. Das Sicherungssystem erkennt diese Schwingungen des Etiketts innerhalb einer Erfassungsbreite und gibt Alarm.

Die Durchgangsbreite beträgt bei allen von ADT Sensormatic angebotenen bis zu 2,40 Meter mit vertikal installierten Antennen.
Eine Aneinanderreihung mehrerer Systeme für beliebig größere Durchgangsbreite ist möglich. Mit Bodenantennensystemen von ADT Sensormatic können unendlich breite Ausgänge abgedeckt werden.
Der geringe Installationsaufwand, die gute Auslösequalität sowie relativ kleine bzw. leichte Etiketten sind als Vorteile herauszustellen.
Durch die einzigartige Beschaffenheit der Etiketten ist diese Technologie nahezu fehlerfrei mit hindurch getragenen Waren.

Zu beachten ist die Druckempfindlichkeit des Papieretiketts, da das Schwingungsverhalten unter Druck verändert wird. Hierbei ist zu bemerken, dass bei jeder EAS- Technologie ein Klebeetikett einfach mechanisch manipulierbar ist bzw. von der Ware entfernt wird.
Alle Klebeetiketten von ADT Sensormatic sind zu 100% deaktivierbar. Mit den kleinen Klebeetiketten können nahezu alle Warenbereiche gesichert werden. Selbst in metallhaltigen Verpackungen der Parfümerie löst diese Technologie einen Alarm im EAS System aus.

Das System ist für alle Sortimentsbereiche geeignet, vorrangig im Bekleidungsbereich-, Parfümerie-/ Drogerie-,Baumarkt-, Media- und Super/ Hypermarktbereich.

**Die EAS- Systeme in Vergleich**

Die Entscheidung für ein bestimmtes System ist abhängig von der Sicherungsaufgabe, der Warengruppe, dem Kosten-/ Nutzenaspekt, den betrieblichen und baulichen Gegebenheiten und insbesondere von den technischen Anforderungen, die der Händler an das System stellt.

Folgende Kriterien kommen für die Auswahl eines geeigneten EAS-Systems in Betracht:

Schleusenbreite ( Abstand zwischen den Antennen):
Die erforderlichen Schleusenbreiten hängen von der Zugangssituation im Ladengeschäft ab.
Detektionsrate ( Wahrscheinlichkeit der Erkennung des Signals):
Angestrebt wird i. d. R. eine Erkennungsrate von 100%.
Die Zuverlässigkeit des Systems hängt oftmals von der verschiedenen Faktoren ab, etwa der Schleusendurchgangsbreite, der Größe der eingesetzten Sicherungselemente etc.

Fehlalarm ( ungewollt ausgelöster Alarm durch Umweltstörungen oder durch andere Objekte):
Gelegentliche Fehlalarme können zwar dem Kunden die Funktionsfähigkeit des Systems demonstrieren, bei häufigen Auftreten bergen sie aber die Gefahr einer mangelnden Personalakzeptanz und –reaktion.

**Deaktivierungsdistanz:**

Vorteilhaft für eine komfortable Deaktivierung ist eine möglichst große Entfernung des Etiketts vom Deaktivator. Hierbei ist allerdings auch zu beachten, dass es nicht zu ungewollten Deaktivierungen kommt, wenn z.B. von einem Dieb gesicherte Teile in eine Großverpackung versteckt werden ( z.B. einige DVDs im Waschmittel).
-Deaktivierungsquote (Wahrscheinlichkeit der Entschärfung des Etiketts): Eine 100%- ige Deaktivierungsquote ist unabdingbar.
Nicht entsicherte Produkte und Artikel können ansonsten unberechtigte Alarme in anderen Betrieben auslösen.

Reaktivierbarkeit ( Möglichkeit, ein bereits entschärftes Etikett erneut zu aktivieren): Hierbei ist zu unterscheiden zwischen der gewollten Reaktivierung z.B. einer zurückgebrachten Ware oder der ungewollten Reaktivierung z.B. eines in einem Kleidungsstück eingebrachten Etiketts. Bei der akustomagnetischen Technologie können die Etiketten bewusst bei Rücknahmen wieder reaktiviert in den Verkauf gehen. Der Händler bzw. Kaufmann sollte die Entscheidung für ein bestimmtes System neben dem Kostengesichtspunkt letztendlich davon abhängig machen, welches System die für ihn wichtigsten Schlüsselkriterien am ehesten erfüllt.

**Ansprache von Kunden bei Signalauslösung**

Es kommt in einem Geschäft, welches mit einem EAS- System arbeitet, immer wieder einmal vor, dass Alarme im Aus- und Eingangsbereich ausgelöst werden. Es ist festgestellt werden, dass mehr als 95 % aller Signale durch vergessene oder nicht korrekt entwertete Etiketten ausgelöst werden.

Deshalb ist es wichtig, dass alle Mitarbeiter an den Kasse sensibel für Alarme sind und beleiben und auch wissen, wie der „alarmauslösende" Kunde, der kein Dieb ist, anzusprechen ist.
Der Kunde, der einen Alarm ausgelöst hat, weil er etwas gestohlen hat, wird im Regelfall versuchen, wegzulaufen.

**Beispiele:** Grundsätzlich gilt: Freundlich bleiben: »Entschuldigen Sie bitte, ich habe vergessen, ein Etikett an Ihrer Ware zu bearbeiten. Bitte geben Sie mir noch einmal Ihre Ware?«

»Entschuldigen Sie bitte, es wurde ein Signal ausgelöst. Haben Sie vielleicht Waren bei sich, die Sie woanders gekauft haben? Sie können diese auch gern an der Information abgeben, um ungestört einkaufen zu können.«

Wenn mehrere Personen Alarm ausgelöst haben:

»Entschuldigen Sie bitte, einer von Ihnen hat ein Signal ausgelöst. Würden Sie bitte noch einmal zurückkommen? Vielen Dank für ihre Mühe.«

**Tipp:** Es ist sinnvoll, Kennwörter für Durchsagen an der Kasse abzustimmen, damit schnell und problemlos Hilfe bzw. eine zweite Person aus dem Geschäft kommen kann, wenn z.B. der beobachtete Ladendieb an der Kasse steht.

**Beispiel:** Dem Ladendieb an der Kasse sagen, dass ein Farbband an der Kasse leer ist und ein Kollege geholt werden muss. Kennwort lautet hier: Farbband ist leer.

Weitere Möglichkeiten für Durchsagen: »Frau Meier bitte ins Lager.« (Jeder weiß im Geschäft, dass an der Kasse Hilfe benötigt wird, da es eine Frau Meier im Geschäft unter dem Personal gibt).

Viele Geschäfte arbeiten heutzutage auch mit Zifferndurchsagen, z.B. »12 an 88«), was sicher auch eine Möglichkeit ist.

Am effektivsten und unauffälligsten, auch für den Dieb, der die Durchsagen auch wahrnimmt, sind Texte die »unverfänglich« und »normal« sind.

### Fernseh- und Videoüberwachung

Mit Hilfe von Videoüberwachungsanlagen lässt sich das Geschehen vor Ort bzw. in einem Geschäft beobachten. Sie sind heute ein wirkungsvolles Instrument zur Diebstahlprävention und zur Überführung von Dieben und Betrügern im Handel.

**Die Videoüberwachung bietet folgende Vorteile:**

Vor allem Gelegenheitsdiebe, die immer mehr seit 2003 geworden sind, werden durch Videoüberwa-chungskameras, die gut und sichtbar installiert sind, abschrecken.

Die Videoaufzeichnung erleichtert die Beweissicherung und Identifizierung des Täters.

Es lassen sich beliebig viele Objekte und Verkaufsräume gleichzeitig überwachen. Eine Dauerüberwachung ist möglich. Sie ist allerdings personal- und kostenintensiv, da eine mögliche Intervention im Fall eines Diebstahls jederzeit Mitarbeiter verfügbar und anwesen sein müssen. Meist wird ein Mitarbeiter für die jeweilige Festnahme/ Verfolgung des/ der Täter benötigt. Wenig sinnvoll sind Anzeigen bei der Polizei mit Aufnahmen von einem unbekannten und flüchtigen Täter.

Es ist nicht unbedingt erforderlich, nur »scharfe« Kameras zu installieren. Auch Attrappen können durchaus eine abschreckende Wirkung entfalten.

Sinnvoll ist eine kombinierte Installation von »falschen« und echten Kameras. Sie sind leicht auszutauschen, so dass an einem bestimmten Bereich im Geschäft zeitweise echte Kameras, zeitweise Attrappen im Wechsel installiert werden.

ADT Sensormatic bietet neben Sicherheit gegen externen Diebstahl auch Systeme zur Aufdeckung/ Verhinderung von internem Diebstahl an. Hierzu werden die Kassendaten parallel mit dem entsprechenden Bild der Kasse angenommen.

Es ist dann später möglich, nach außergewöhnlichen Transaktionen wie Storno, Rückgaben, Rabatte, usw. gezielt zu suchen. Mit Hilfe solcher Systeme werden nicht nur die »schwarzen Schafe« innerhalb der Mitarbeiter erkannt, das Arbeitsklima verbessert sich ebenfalls, nun kein Mitarbeiter mehr verdächtigt wird.

Sensormatic GmbH, Essen

**Möglichkeiten des Kameraeinsatzes**

Die Kunden sollten durch Aushang beim Betreten des Ladenlokals darauf hingewiesen werden, dass eine Fernsehüberwachungsanlage installiert ist. Aber auch Mitarbeiter und Lieferanten sollten auf die Kamerainstallation aufmerksam gemacht werden. Für die »Gelegenheitstäter« dürfte die Fernseh- und Videoüberwachung als psychologische Abschreckung dienen, für den professionellen Dieb auch, da diese durch die Hilfe der Aufzeichnung »dingfest« gemacht werden können.

**Rechtliche Rahmenbedingungen**

Beim Einsatz von Fernsehüberwachungsanlagen sind sowohl die innerbetrieblichen, als auch die Belange der Kunden zu berücksichtigen. Zur direkten Überwachung des eigenen Personals muss ein im Unternehmen vorhandener Betriebsrat seine Zustimmung geben.

Bei der Überwachung der Umkleidebereiche ist darauf zu achten, dass die Privatsphäre der Kunden nicht verletzt wird. Weiter darf sich der Überwachungsbereich der Kameras nicht über die eigenen Grundstücksgrenzen hinaus erstrecken.

Ausführliche Infos zu EAS oder zur Videoüberwachungsystemen finden Sie unter: ADT Sensormatic GmbH, Alfredstraße 236, 45133 Essen oder unter www. adt-deutschland.de

| Kamerastandort | Nutzen |
|---|---|
| Lieferanteneingang | Manipulation der Lieferanten werden verhindert |
| Personaleingang | Mitarbeiterkontrolle wird optimiert |
| Kundeneingang | Kunde wird durch Großbildschirm auf Überwachung aufmerksam |
| Kassenbereich | Partnerschaftseinkäufe werden verhindert |
| Vorfeld Umkleidekabinen | Kunde weis, das er beobachtet wird und verzichtet auf Manipulation |
| Diebstahlgefährdete Waren | Präventivwirkung bzw. Reduzierung der Diebstahlgefahr |
| Schwer einsehbarer Bereich | Bereich wird in einsehbaren Bereich verwandelt |

**Sonstige Überwachungsmöglichkeiten im Handel**
**Die elektronische Leinensicherung**

Die Leinensicherung bietet sich vor allem für große und kleine hochpreisige Artikel an. Dabei kann der Kunde die Ware in die Hand nehmen- aber bei der Entfernung der Leine erfolgt ein Alarm. Besonders für Artikel, die sonst in verschlossenen Glasvitrinen angeboten werden. Aber auch Artikel wie Kameras, Handys oder Rasierapparate werden inzwischen immer mehr zu Demonstrationszwecken mit der Leinensicherung versehen. Für Massenabsicherungen ist diese Technik weniger geeignet, aufgrund von wirtschaftlichen Überlegungen.
Vorteil. Der Kunde kann die Ware in die Hand nehmen.

## Die Sensormatte

Die Sensormatte dient als Unterlage für die Warenpräsentation und reagiert auf das Wegnehmen der Ware. Die Empfindlichkeit beginnt bei ca. 3 Gramm und kann an die Artikel angepasst werden. Die Matten sind in unterschiedlichen Größen erhältlich.

## Quellensicherung

Die Quellensicherung ist die effektivste Möglichkeit, ein Produkt zu sichern. Bei der Herstellung kann das EAS Etikett direkt in das Produkt eingebracht werden. Es können so Kleidungsstücke mit Einnäheetiketten versehen werden oder z.B. Akkuschrauber direkt im Produkt gegen Diebstahl gesichert werden. Die Ware kann bei Anlieferung im Geschäft sofort in den Verkauf gehen, ohne das noch ein Warensicherungsetikett angebracht werden müsste. Tests haben bewiesen, dass Inventurverlustrückgänge bis zu 30% möglich sind. Durch die Sicherung im Produkt können Waren auch offen präsentiert werden. Sie werden dann nicht mehr in Glasvitrinen gezeigt, sondern der Kunde kann die Ware direkt anfassen und kaufen. Es ist bewiesen, dass die offene Warenpräsentation den Abverkauf um mehr als 100% steigern kann. Das Problem: Wer übernimmt die Kosten: Handel oder Industrie?

## Schließfächer

Auch die Einrichtung von Schließfächern, in denen der Kunde seine mitgebrachte Tasche oder Tüte vor seinem Einkauf abgeben kann, ist ein zusätzliches Hilfsmittel, um Gelegenheitsdiebstählen mehr vorzubeugen. Es kann jedoch rechtlich nicht von einem Kunden verlangt werden, dass er seine Taschen abgibt. Dies kann nur freiwillig geschehen.

## RFID (Radio-Frequenz-Identifikation) - Hoffnung für den Handel-Albtraum der Ladendiebe

In Amerika schon in mehreren großen Handelsketten mit nachweisbaren Erfolgen eingesetzt (u.a. Wal Mart), wird sich auch in Deutschland in den nächsten Jahren diese Technik durchsetzen. Das amerikanische Verteidigungsministerium hatte z.B. alle seine Lieferanten verpflichtet, seit Januar 2005 passive Tags (elektronische Marken) in jedem gelieferten Produkt zu integrieren. Jährlich gibt der deutsche Handel und Hersteller für Logistikkosten rund 20 Milliarden Euro aus. Allein in diesem Bereich sind große Summen einzusparen.

**Was ist RFID eigentlich?**

RFID Systeme bestehen aus zwei Komponenten, einer Lese/-Schreibeinheit und einer elektronischen Marke, dem Transponder oder auch Tag genannt. Die Transponder bestehen aus einem elektronischen Speicher, einer Sende-/Empfängerantenne und einem Gehäuse. Kernstück ist der Speicher, der als Informationsträger dient. Eine Lese-/Schreibgerät sendet bzw. empfängt Informationen vom Transponder, die in der nachgeschalteten Computerapplikation ausgewertet werden. Der EPC (Elektronischer Produktcode) ist eine Nummer zur eindeutigen Kennzeichnung von Waren in der Versorgungskette. Der EPC wird an der Ware mit den Transpondern angebracht. Durch die im EPC gespeicherte EAN und Seriennummer werden einzelne Produkte identifizierbar. Infolgedessen können weitere zu diesem Produkt gehörende Informationen vom Benutzer über das Internet direkt vom Hersteller bezogen werden.

**Weitere Vorteile:**

- Hohe Speicherkapazität
- Geringe Fehlerquote beim Ablesen
- Tags sind langlebig u. resistent gegen physische Einwirkungen
- Gleichzeitige Erfassung vieler Objekte
- Keine Sichtverbindung zwischen Tag und Leser notwendig
- Tags sind wieder beschreibbar
- Sekundenschneller Datenaustausch
- Hohe Datensicherheit
- Wartungsfrei
- Schnelle Inventuraufnahme
- Keine eigene Stromversorgung notwendig

**Nachteile noch zur Zeit:**

- Gesundheitliche Risiken der elektromagnetischen Strahlungen sind bisher kaum untersucht
- Zur Zeit noch hohe Etikettenpreise zwischen 5-70 Cent
- Funktionalität der Tags kann durch Metall beeinflusst werden

Der Hauptnachteil ist sicher der Etikettenpreis, welcher jedoch stark sinken wird, wenn immer mehr Unternehmen die Technik gezielt auch bei Massenwaren einsetzen. Besonders positive Auswirkungen hätte die RFID-Technik auf den Bereich Sicherheit.

**Beispiel Einzelhandel:**

Der Kunde schiebt seinen gefüllten Einkaufswagen durch ein Lese-Portal. Die Tags werden gelesen und der Kunde zahlt- auch die gestohlene DVD in seiner Manteltasche.
Dies ist theoretisch denkbar, leider sind aber auch viele Waren in einem Einkaufskorb metallhaltig.
Diese Metalle machen ein sicheres Auslesen aller mit Transponder versehenen Waren unmöglich.
Auch wird es für Lieferanten, Spediteure, Lagerverwalter und sonstiges Personal im Handel schwieriger werden, palettenweise Ware zu klauen, denn das Diebesgut ist zu jeder Zeit präzise identifizierbar.

# 14. Neue Gefahren im Handel

In den letzten Jahren seit der Euroeinführung gibt es zusätzliche Gefahren im Bereich der Sicherheit in einem Geschäft, die es besonders zu beachten gilt.

Dazu zählen Falschgeld, EC-Kartenbetrügereien und sogar Bombendrohungen, die leider auch schon in »normalen« Kaufhäusern oder Warenhäusern vorgekommen sind.

Es ist wichtig, dass zumindest die Führungsverantwortlichen im Einzel- und Fachhandel deshalb genau wissen, wie mit den einzelnen Gefahren umzugehen ist und wie das korrekte Verhalten dabei sein muss.

## 14.1 Falschgeld

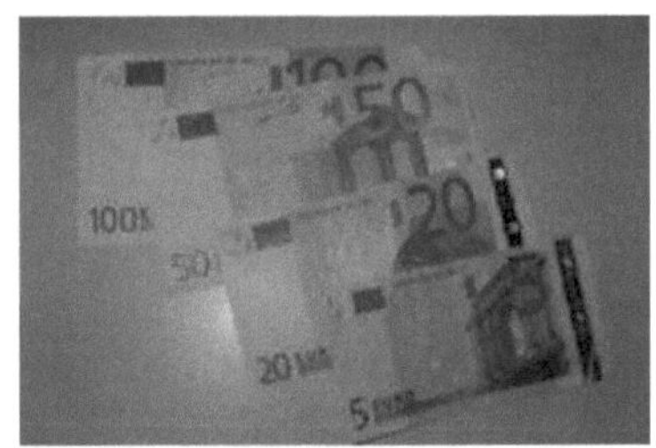

Leider haben sich nach einer gewissen Zeit nach der Euroeinführung auch die Geldbetrüger an die neue Währung gewöhnt, so dass Fälschungen immer besser und professioneller werden.

Im internationalen Vergleich ist das Falschgeldaufkommen in Deutschland lt. Der Deutschen Bundesbank mit 15 Fälschungen pro 1.000.000 echter Banknoten weiterhin gering. Bezogen auf 10.000 Einwohner fallen pro Jahr etwa acht Fälschungen an.

Trotz dieser eher niedrigen Zahlen gibt es keinen Grund zur Entwarnung. Banknoten sollten stets aufmerksam geprüft werden, da es bekanntlich für Falschgeld keinen Ersatz gibt.

74.000 Fälschungen im Wert von ca. 4,9 Millionen Euro registrierte die Deutsche Bundesbank im Vorjahr im Zahlungsverkehr.

Das sind deutlich mehr Blüten als 2001; damals wurden etwa 30.000 falsche DM-Noten im Wert von 2,4 Millionen DM kassiert.

Absoluter Fälschungs- Spitzenreiter ist dabei der 50- Euro Schein. Aber auch der 100- Euroschein wird seit 2004 vermehrt gefälscht, die meistkopierte Münze ist das 2-Eurostück. Lt. Der Bundesbank verteilen sich die Fälschung prozentual wie folgt:

| | |
|---|---|
| 50-Euroschein | = 73% |
| 100 – Euroschein | = 7% |
| 20-Euroschein | = 11% |
| 200-Euroschein | = 4% |

Die 2 –Euromünze gesamt 41.000 Stück in 2005, d.h. ca. 95% aller gefälschten Münzen sind 2-Euromünzen.

Für das erste Halbjahr 2006 hat die Deutsche Bundesbank bisher 25.000 falsche Euro- Banknoten im deutschen Zahlungsverkehr registriert. Die Schadenssumme liegt bei 1,7 Mio. €. Somit ist das Aufkommen an falschen Banknoten im Berichtszeitraum rund ein Viertel niedriger als im 2. Halbjahr 2005.

Diese erfreuliche Entwicklung ist insbesondere auf die erfolgreiche Ermittlungsarbeit der Polizei zurückzuführen. In jüngster Zeit konnten vor allem in Südeuropa einige Fälscherwerkstätten ausgehoben werden. Auch die Präventionsmaßnahmen der Bundesbank dürften einen Beitrag zum Rückgang der Falschgeldzahlen geleistet haben.

Bei den Euromünzen sind im ersten Halbjahr bereits 39.000 falsche Euromünzen registriert worden. Gegenüber dem vorangegangen Halbjahr ist dies ein Anstieg um fast 40%. Dazu kommt, dass es im europäischen Raum auch Münzen gibt, die der 2-Euromünze mehr als ähnlich sind. Z.B. die Ein-Lira-Münze aus der Türkei. Diese sieht ähnlich aus, ist gleich schwer, hat aber nur einen umgerechneten Wert von ca. 40 Cent. Deshalb ist es wichtig, im Geschäft auch diese Münzen im »Auge« zu behalten.

**Beispiele aus Tageszeitungen:**

Kurios- aber wahr!
Vom Januar 2005/ Coburg

Mit einem gefälschten 300-Euroschein wollten Jugendliche in einem Kaufhaus Computer-spiele kaufen. Die Verkäuferin an der Kasse hätte den Schein auch akzeptiert, wenn nicht zufällig ihr Chef neben ihr gestanden hätte. Der Schein war von einer Internetseite geladen worden.

An diesem Beispiel ist auch zu erkennen, dass auch nach mehreren Jahren der Euroeinführung noch nicht alle wissen, welche verschiedenen Geldscheine oder auch Münzen es gibt.

Vom Mai 2005/ Minden

Mit zwei gefälschten 50- Euroscheinen wollte ein Kunde in einem Lebensmittelgeschäft zwei Tüten mit Süßigkeiten bezahlen. Der Ladenbesitzer erkannte sofort die Fälschungen durch das härtere Paper.

Vom 28. August 2004/ Höxter

Ein 20jähriger wurde von einer Kassiererin einer Tankstelle ertappt, als er mit einem falschen 100-Euroschein einen geringen Betrag zahlen wollte. Die Polizei durchsuchte die Wohnung und fand weitere »Blüten« im Wert von 50 Euro und 100 Euro.

Wegen moderner Drucktechniken wird Falschgeld immer professioneller. Um sich zu schützen, gibt es für den Einzelhandel nur zwei Mittel: Geschultes Verkaufspersonal und Sicherheitsgeräte.

**Bei den Geldprüfgeräten gibt es verschiedene Alternativen:**

Der »Quicktester« sieht aus wie ein Stift. Zieht man mit diesem über den Schein einen Strich, so verfärbt er sich bei einem »falschen« Schein schwarz, bei echten Scheinen ist nichts zu sehen.
Der »Quicktester« ist handlich und in der Anschaffung besonders gün-

stig. Der Nachteil ist, dass der Stift meist nur die schlechteren Fälschungen erkennen kann.

Eine bessere, wenn auch kostenintensivere Alternative ist der Einsatz von UV-Lampen in den Kassentischen.

Der Vorteil ist hier, dass die einfachen Fälschungen erkannt werden können und der Mitarbeiter an der Kasse kein Gerät in die Hand nehmen muss. Echte Banknoten leuchten farbig auf, falsche Scheine erscheinen in einem blauen Licht. Aber auch hierbei ist es Fälschern schon gelungen, die UV- Lampen durch gut gemachte »Blüten« zu überlisten.

Die beste Möglichkeit, wenn auch teuerste Methode zur Absicherung sind deshalb Geldprüfgeräte, die immer mehrere Sicherheitsmerkmale der Geldscheine überprüfen können.

Auch ein Vorteil: Gute Prüfgeräte können auch verschiedene Währungen bzw. Banknoten auf Echtheit jederzeit erkennen.

**Informieren Sie sich über aktuelle und neuere Geldprüfgeräte. In Fachzeitschriften oder über das Internet.**

Ausführliche Infos auch bei der Deutschen Bundesbank, die auf Anfrage nach einem bestimmten Gerät oder Hersteller Auskunft geben kann, wann der letzte erfolgreiche Test stattgefunden hat. Für jeden Geschäftsbetreibenden ist es zumindest sinnvoll und sicherer, zumindest 1-2 aktuelle Geldprüfgeräte im Geschäft installiert zu haben, dass zumindest bei Verdacht die Möglichkeit besteht, die Banknote zu prüfen.

Wenn keine technischen Hilfsmittel in einem Geschäft vorhanden sind, hilft nur noch der aufmerksame Mitarbeiter.

### Fühlen

Auf der Banknotenvorderseite ist ein ertastbares Relief, insbesondere die Abkürzungen der Europäischen Zentralbank- BCE, ECB, EZB, EKT, EKP, die Wertzahl und die Abbildungen der Fenster und Tore. Es muss jedoch auch beachtet werden, dass durch Alter und Abnutzung einige dieser Eigenschaften teilweise oder ganz verloren gehen können.

### Kippen

Als Hologramm erscheinen auf der Vorderseiten der Banknoten das Euro-Symbol und die Wertbezeichnung im Folienstreifen (bei den niedrigeren Stückelungen) bzw. das Architekturmotiv und die Wertbezeichnung im Folienelement (bei den hohen Stückelungen). Auf der Rückseite wird beim Kippen der Banknote der Glanzeffekt des aufgebrachten Iriodinstreifens sichtbar (bei den niedrigen Stückelungen) bzw. die optisch variable Farbe (bei den hohen Stückelungen).

### Sehen

Im Gegenlicht ist zu prüfen, ob das Wasserzeichen echt ist, der Sicherheitsfaden vorhanden ist, ob die Elemente des Durchsichtsregisters exakt aufeinander passen. Alle drei Merkmale (Wasserzeichen, Sicherheitsfaden, Durchsichtsregister) sind sowohl auf der Vorderseite, als auch auf der Rückseite echter Banknoten zu erkennen.

**Es reicht nicht aus, nur ein Sicherheitsmerkmal zu prüfen, besser sollten immer alle Merkmale auf Echtheit geprüft werden.**

Hierzu gibt es ausführliches Infomaterial und sogar Lernprogramme für Kassenmitarbeiter bei der Deutschen Bundesbank.
Infos unter: www.deutsche-bundesbank.de.

Auch die Polizei bietet seit 2004 einen »Blütentrainer« an.
Infos dazu unter: www.polizei-propk.de

Weitere Infos beim HDE (Hauptverband des Deutschen Einzelhandels) der ein Frühwarnsystem zum Thema Falschgeld entwickelt hat.

**Im Folgenden finden Sie einige nützliche Tipps für das richtige Verhalten im Falle eines Falschgeldverdachts:**

- Bleiben Sie ruhig! Setzen Sie sich keiner Gefahr aus.
- Lassen Sie sich nicht auf eine Auseinandersetzung ein.
- Versuchen Sie, einige der genannten Sicherheitsmerkmale zu erkennen, ohne dabei jedoch Verdacht zu erwecken.
- Sagen Sie dem Kunden, dass Sie etwas näher prüfen müssen.
- Wenden Sie sich dann an Ihren Vorgesetzten.
- Überlassen Sie es Ihrem Vorgesetzten, mit dem Kunden zu sprechen.
- Werden Sie nicht nervös und geben Sie die verdächtige Banknote nicht an den Kunden zurück.
- Wenn eine Überwachungskamera vorhanden ist, schalten Sie diese ein.
- Halten Sie den Kunden hin, ohne sich dabei einem Risiko aus zusetzen.
- Rufen Sie die Polizei
- Flüchtet der Kunde in einem Wagen, versuchen Sie, sich das Kennzeichen und die Automarke zu merken
- Berühren Sie die gefälschte Banknote nur vorsichtig, um vor handene Fingerabdrücke nicht zu verwischen
- Spielen Sie nicht den Helden – denken Sie immer an Ihre eigene Sicherheit.

**Noch ein wichtiger Hinweis:**

Auch wenn Falschgeld nicht ersetzt wird, sollte kein Händler auf die Idee kommen, sich schadlos zu halten, in dem er Falschgeld wieder in Umlauf bringt.

Denn wer heute wissentlich Falschgeld einkassiert hat und weitergibt, macht sich strafbar lt. Paragraph 36 laut Bundesbank- Gesetz. Hier können Geldbußen bis zu 100.000 Euro drohen.

## 14.2 EC Kartenbetrug

Seit Wegfall des herkömmlichen Euroschecks ist eine weitere Gefahr seit einigen Jahren der EC-Kartenbetrug.

Im Jahr 2005 wurden 48.143 Fälle (Quelle: Deutsche Bundesbank) von Betrug mit Geldkarten bekannt. Dies bedeutete ein Minus von 28,8 %.

Nach Jahren von steigenden Tendenzen ist die Entwicklung hier positiv, d.h., es ist durch verschiedene Sicherheitsmassnahmen gelungen, den bargeldlosen Verkehr sicherer zu machen.

Interessant dabei ist, dass die meisten Betrügereien in Geschäften passieren, wo eine Bezahlung mit einer Geldkarte ohne die Eingabe einer PIN-Nummer durchgeführt wird.

Es wird heutzutage zwischen dem Offline- und dem Online- Verfahren unterschieden.

Im Offline- Verfahren ist es im Handel so, dass der Kunde nur seine Geldkreditkarte vorzeigt und keine Geheimnummer (PIN- Nummer) eingeben muss. Hierbei wird meist nur die Unterschrift verglichen. Der Einzug des

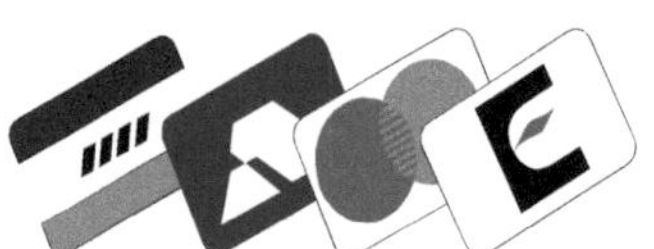

Einkaufsbetrages erfolgt im sogenannten Lastschriftverfahren.

**Das Problem beim Lastschriftverfahren:**

Wird eine EC-Karte gestohlen, informiert der Betroffene meist zunächst die Bank, um die Karte sperren zu lassen. Meist bringt dies gar nichts, da der Dieb weiter mit der Karte einkauft, denn die Kartenlesegeräte sind nicht mit der Bank verbunden. Es merkt niemand, dass mit einer gestohlenen Karte und vielleicht schon gesperrten Karte weiter bezahlt wird. In der heutigen Zeit, wo immer mehr Privathaushalte überschuldet sind, ein zusätzliches Problem.

Das Online- Verfahren ist wesentlich sicherer, weil der Kunde im Geschäft hier seine Geheimzahl mit eingeben muss und sofort über eine Computer- und Netzverbindung geprüft wird, ob die EC-Karte echt ist, nicht gestohlen ist und der Kunde auch liquide ist.
Leider ist dieses Verfahren auch bei der Installierung im Geschäft wesentlich kostspieliger.

Lösung durch »KUNO«

»Kuno« ist die Abkürzung für »Kriminalitätsbekämpfung im bargeldlosen Zahlungsverkehr durch Nutzung nichtpolizeilicher Organisationsstrukturen«. »Erfunden« hat »KUNO« der Dresdner Kriminalhauptkommissar Steffen Schmieder schon im August 2001.

KUNO ist ein E-Mailsystem und funktioniert so:

Wird die EC-Karte gestohlen, geht meist auch eine Anzeige bei der Polizei ein. Die Polizei schickt dem Netzbetreiber der Lastschriftgeräte die Daten der gestohlenen Karte- ganz einfach per E-Mail. Der Netzbetreiber verteilt die Daten für das gesperrte Konto an die Händler, deine gesperrte Karte nun sofort erkennen können. Folge: Es entsteht kein Schaden durch den Missbrauch gestohlener EC-Karten.

In einigen Regionen ist »KUNO« schon verbreitet, u.a. Dresden, Berlin, Brandenburg, Bielefeld, Magdeburg, Sachsen, Sachsen- Anhalt, Mecklenburg- Vorpommern, Bremen, Saarland, Hannover, Braunschweig und München. (Stand August 2005).

Der Erfolg kann sich sehen lassen. Allein in Sachsen ist die Missbrauchsrate schon im ersten Halbjahr nach Einführung von »KUNO« um 84 Prozent gesunken, das sind über 1.500 Fälle weniger. In Magdeburg gab es einen Rückgang von 50 Prozent, ebenso in München und auch das Saarland meldet wie auch Mecklenburg- Vorpommern einen erheblichen Rückgang.

Händler, die sich für das System der Dresdner Kriminalpolizei interessieren, wenden sich bitte an den Hauptverband des Deutschen Einzelhandels (HDE) oder den Landesverband in Sachsen.

Es ist wichtig, wenn Geldkarten ohne Eingabe von Geheimnummern angenommen werden, einige wichtige Verhaltensregeln zu beachten:

- Prüfen, ob die Daten und Nummern vorgelegter Scheck- und Kreditkarten übereinstimmen

- Achten Sie auf Unterschrift, Konto- und Kartennummer, sowie Name des Geldinstituts

- Lassen Sie den Betrag nur in Ihrer Gegenwart unterschreiben.

- Vergleichen Sie sehr genau und gründlich die Unterschrift auf dem Kassenbon mit der Unterschrift auf der Scheckkarte

- Holen Sie sich ausführliche Infos bei der Hausbank oder bei der hiesigen Polizei

- Informieren Sie sich über die gültigen Sperrnummern für EC-Karten.

### 14.3 Bombendrohung

Leider ist es auch schon in Supermärkten und Kaufhäusern zu Bombendrohungen gekommen. Aus diesem Grund sollten zumindest 1-2 Personen in einem Geschäft genau wissen, wie die richtige Verhaltensweise bei einer Bedrohung ist.

Bombendrohungen stellen eine Störung des öffentlichen Friedens durch die Androhung einer Straftat gemäß Paragraph 126 StGB (Strafgesetzbuch) dar. Sie können aber auch Bestandteil der Durchführung eines Sprengstoffverbrechens sein.

Bombendrohungen werden meist auf telefonischem Wege übermittelt. Andere Formen, wie z.B. die schriftliche oder durch Personen direkt übermittelte Drohung, spielen nur eine untergeordnete Rolle.

Erfahrungsgemäß werden anonyme Bombendrohungen häufig von geltungssüchtigen Psychopaten und Betrunkenen, aber auch von Kindern und Jugendlichen vorgebracht. Die Palette möglicher Zielobjekte ist scheinbar unbegrenzt. Tendenziell sind insbesondere medizinische und öffentliche Einrichtungen, bestimmte Unternehmen in der Elektronik-, Chemie- bzw. Rüstungsbranche sowie polizeiliche und militärische Einrichtungen. Wie schon erwähnt, können jedoch auch Kaufhäuser, Gaststätten, Hotels oder Banken Ziel einer Bombenbedrohung sein. Hierbei spielt häufig auch die Kundenfrequenz eine Rolle.

Es gibt aufgrund der vielfältigen Ziele und Möglichkeiten keinen allgemeingültigen Maßnahmenkatalog für das Verhalten einer Bombendrohung. Es kommt immer auf die Umstände des Einzelfalls an.

Auf der folgenden Seite eine Checkliste im Falle einer Bedrohung per Telefon.

Nochmehr Infos dazu erhalten Sie in Ihrem Polizeirevier oder über die Landeskriminalämter in Deutschland.

**Verhalten bei telefonischen Bombendrohungen**

Firmenbezeichnung-------------- Telefon- bzw. ----------------------

bzw. Behörde ------------------ Apparatennummer---------------

**1. Ihr Verhalten**

Zuhören- Nicht unterbrechen- Sofort Notizen machen- Viele Informationen gewinnen- Weitersprechen erreichen

**2. Sie notieren**

Datum/ Uhrzeit----------------------------- Dauer des Anrufes----------------

Minuten

Wortlaut der Drohung:

**Mögliche Rückfragen:**

1. Wann wird die Bombe explodieren?
2. Wo befindet sich die Bombe?
3. Wie sieht die Bombe aus?
4. Was ist das für eine Bombe?
5. Wie wird die Bombe gezündet?
6. Wie heißen Sie?
7. Von wo rufen Sie an?
8. Warum haben Sie die Bombe gelegt?

Jetzt sich für nicht zuständig erklären und versuchen, weiter zu vermitteln!

Angaben zum Anrufer:

Sprache---------------------------------- Dialekt/ Akzent--------------------------

Geschlecht------------------------------ geschätztes Alter------------------------

Sprachart: Zutreffendes ankreuzen
langsam/ schnell/ normal/ verstellt/ gebrochen/ bestimmt/ aufgeregt
laut/ leise/ nasal/ lispelnd/ sonstiges-----------------------------------------------

Hintergrundgeräusche/ Beschreibung:

**3. Sofortmeldung der Drohung**

- Informationen an zuständigen Vorgesetzten bzw. Entscheidungsträger ( vereinbarter Meldeweg)
- Polizei- Notruf 110

Ihre Personalien:
Name ----------------------------------------------------------------
Vorname ----------------------------------------------------------------
Telefon -----------------------------------------------------------------------------
Anschrift ----------------------------------------------------------------

Hier noch einige Hinweise zum Verhalten beim Auffinden von verdächtigen Gegenständen:

- Den verdächtigen Gegenstand nicht berühren
- Nicht rauchen
- Entfernen Sie sich von dem verdächtigen Gegenstand.
- Versuchen Sie nie, den Gegenstand zu entfernen.
- Niemals davon ausgehen, dass der gefundene verdächtige Gegenstand der Einzige ist
- Bedenken Sie, dass auch »stehen gelassene« oder »vergessene« Gegenstände wie Aktentaschen, Kleidungsstücke, Handtaschen u.ä., hinterlegte Sprengvorrichtungen sein können.
- Bleiben Sie ruhig und besonnen. Verwehren Sie Unbefugten jeglichen Zutritt.

**Folgende Fragen sollten beim Auffinden verdächtiger Gegenstände beantwortet werden können:**

- Wo befindet sich der verdächtige Gegenstand?
- Wer hat den Gegenstand gefunden?
- Wann ist er entdeckt worden?
- Wie lange liegt er bereits dort?
- Wie sieht der Gegenstand genau aus?
- Sind verdächtige Geräusche oder Gerüche wahrnehmbar?
- Wurde der Gegenstand bewegt, aufgenommen oder transportiert?
- Welche Versorgungsleitungen befinden sich am Fundort?

## 14.4 Verhalten bei Geldtransporten

Auch sind vermehrt Überfälle auf Geldtransporte oder auf Geldboten festzustellen. Die Abführung der Tageseinnahmen im Einzelhandel ist deshalb mit Kriminalitätsrisiken verbunden und sollte daher grundsätzlich durch professionelle Geld bzw. Werttransportunternehmen erfolgen. Ist die Inanspruchnahme solcher Dienstleister für größere Handelsunternehmen in aller Regel schon Standard, so ist sie für kleinere und selbständige Einzelhandelsgeschäfte oft zu kostspielig. Hier sind es die Unternehmer selbst oder die von ihnen beauftragten Mitarbeiter, die die Verkaufserlöse zur Bank transportieren.

**Hinweise an Unternehmer:**

- Tageserlöse des Einzelhandels sollten grundsätzlich durch professionelle Geld- und Werttransportunternehmen zur Bank abgeführt werden. Eine häufig kostengünstige Möglichkeit ist dabei die Nutzung von Sammelgeldtransporten, die vor allem in Innenstadtbereichen oder in Einkaufszentren angeboten werden.

- Größere Geldbeträge sind bis zur Abführung an die Bank oder Sparkasse in einem durch das Kassenpersonal nicht zu öffnenden Behältnis aufzubewahren.

- Im Falle einer eventuell notwendigen Zwischenlagerung von Verkaufserlösen sollten nur zertifizierte Wertbehältnisse (Geldschränke) nach DIN EN 1143-1 verwendet werden.

**Dabei ist zu beachten:**

- Ein Typenschild mit Klassifizierung befindet sich auf der Innenseite des Wertbehältnisses
- Der zu wählende Widerstandsgrad richtet sich nach den zu erwartenden Tageseinnahmen sowie nach Vorgaben des Versicherers.
- Die verwendeten Wertbehältnisse sind entsprechend der Installationsanleitung der Hersteller aufzustellen bzw. zu montieren.
- Die Wertbehältnisse sind in Räumen mit angemessenen mechanischen sowie elektrisch/ elektronischen Absicherungen aufzustellen.
- Ist die Inanspruchnahme von Geld- bzw. Werttransportfirmen nicht möglich, so sollte die zu transportierende Geldsumme durch Splittung auf mehrere Transporte klein gehalten werden.

• Als Geldboten sind dabei nach Möglichkeit mindestens zwei Mitarbeiter einzusetzen, die sowohl volljährig als auch körperlich geeignet sind.
•Diese Mitarbeiter sind mindestens halbjährlich einer Schulung zu unterziehen, in der sie über die Verhaltensregeln bei Geldtransporten belehrt werden.
•Örtliche und zeitliche Details zu den Geldtransporten sind möglichst geheim zu halten und ausschließlich dem beauftragten Geldboten mitzuteilen.
•Um den Weg des Geldtransportes möglichst kurz zu halten, ist ein nahegelegendes Geldinstitut vorzuziehen.
•Sowohl für die Entsorgung als auch die Zwischenlagerung der Tageseinnahmen gelten für den Unternehmer u.a. die Regeln der Berufsgenossenschaft für den Einzelhandel.
So ist der Unternehmer verpflichtet, die für seine Beschäftigten bestehende Gefährdungslage zu ermitteln und auf dieser Grundlage zu beurteilen, welche technischen, baulichen und organisatorischen Schutz- und Sicherheitsmaßnahmen erforderlich sind ( Regeln für Sicherheit und Gesundheitsschutz beim Umgang mit Zahlungsmitteln in Verkaufsstellen –R3). Dazu gehören z.B. die Installation von Überfallmeldern in den Geldbearbeitungsräumen sowie die Bereitstellung von mit Zeitschlössern ausgerüsteten Wertbehältnissen.

**Hinweise an Geldboten:**

•Geldtransporte sind immer sorgfältig zu planen. Sie dürfen nicht zur Routine werden, damit potenzielle Täter ihre Kenntnisse über regelmäßige Gewohnheiten von Geldboten nicht für die Tatausführung nutzen.

•Geldtransporte sollten zu wechselnden Zeiten, auf untechiedlichen Wegen und nach Möglichkeit bei Tageslicht durchgeführt werden.

•Aus taktischen Gründen empfiehlt es sich für den Geldboten, keine Hinterausgänge zu nutzen und schlecht einsehbare Straßen und Plätze zu meiden.

•Vor und während des Geldtransportes ist mit besonderer Aufmerksamkeit die Umgebung zu beobachten. Der Geldbote sollte sich verdächtige Personen einprägen und nach Möglichkeit deren Fahrzeugkennzeichen notieren (deshalb immer Notizblock und Schreibgerät dabei).
•Besondere Aufmerksamkeit ist auf Personen zu richten, die sich in verdächtiger Weise vor oder als letzter Kunde im Geschäft aufhalten.

•Auf das Mitführen von Waffen sollte grundsätzlich verzichtet werden. Empfohlen wird dagegen die Mitnahme von Handys, um im Notfall schnellstmöglich die Polizei benachrichtigen zu können.

•Für so genannte nichtprofessionelle Geldboten empfiehlt es sich, die Abführung der Tageseinnahmen so durchzuführen, dass sie von Außenstehenden nicht als solche zu erkennen sind. Dazu sollten unauffällige Geldbehältnisse genutzt werden. Der Fachhandel bietet auch für Mitarbeiter des Einzelhandels geeignete Geldtransportsicherungssysteme (z.B. Sicherheitskoffer etc.) an.

•Bei längeren Wegstrecken zum Geldinstitut ist aus Sicherheitsgründen die Nutzung des PKW den öffentlichen Verkehrsmitteln vorzuziehen.

•Der Weg zum Geldinstitut sollte zügig und ohne Unterbrechungen zurückgelegt werden.

•Werden während des Geldtransportes verdächtige Situationen festgestellt, so sollte der Geldbote im Regelfall seinen Weg unauffällig fortsetzen und die Nähe zu anderen Personen und damit den Schutz der Öffentlichkeit suchen.

•Wie für den Unternehmer gilt auch für den Geldboten: Alle Details zum Geldtransport, insbesondere Transportzeiten, -wege sowie die Höhe der abzuführenden Geldmengen sind geheim zuhalten.

**Verhalten bei Überfällen:**

- Der Geldbote sollte, besonders bei Bewaffnung bzw. Überlegenheit des Täters, kein unnötiges Risiko eingehen. Der Schutz von Leben und Gesundheit hat immer Vorrang vor materiellen Werten. Die wichtigste Verhaltensregel lautet deshalb: Ruhe bewahren, die wesentlichen Tätermerkmale, Fahrzeugdaten und die Fluchtrichtung einprägen und nach der Tat schnellstmöglich die Polizei , z.B. über Notruf 110 mitzuteilen.

**Tätermerkmale sind:**

Alter, Größe, Haarfarbe, Bekleidung, Besondere Kennzeichen (Verletzungen, Narben, Tätowierungen etc.

**Fahrzeugdaten:**

Typ, Farbe, Amtliches Kennzeichen, Besonderheiten- Unfallschäden.

Weitere Informationen erhalten Sie auch in allen kriminalpolizeilichen Beratungsstellen. Deren Erreichbarkeit kann in allen Polizeidienststellen sowie im Internet unter: www.polizei.propk.de abgefragt werden.

## 15. Der Strafantrag/ Die Strafanzeige

Der Strafantrag ist ein Formular, welches besonders genau zu bearbeiten bzw. auszufüllen ist, da dieser später auch vor einem Gericht bei einer Verurteilung eines Straftäters als Beweismittel dienen kann.

**Was ist besonders zu beachten:**

- Immer sauber und leserlich schreiben, am besten in Druckbuchstaben schreiben

- Namen der Täter oder Zeugen buchstabieren lassen, wenn es schwierige oder ausländische Namen sind

- Anschrift genau eintragen: vom Täter, Zeugen, Geschäft, Polizeirevier

- Vom Täter bzw. Ladendiebe unterschreiben lassen, ist jedoch nicht zwingend notwendig, wenn der Täter sich nach freundlicher Aufforderung weigert, den Strafantrag zu unterschreiben

- Immer mit Kopie ausfüllen, Original an die Polizei, Kopie verbleibt im Geschäft

Ein Strafantrag als Muster, wie er heutzutage meist so oder in ähnlicher Form verwendet wird.

An die Polizeidienststelle Personalien des/der Beschuldigten

------------------------------ Name Vorname

--------------------------------------------------

Straße Geburtsname Datum

--------------------------------------------------

PLZ, Ort geboren in Staatsangehörigkeit

--------------------------------------------------

Stempel/ Absender Filiale                              Straße/ Haus Nr.  PLZ Wohnort

--------------------------------------------------

Ausgewiesen durch Personalausweis/
oder Reisepass

--------------------------------------------------

Erziehungsberechtigter bei Minderjährigen

Name                    Vorname

--------------------------------------------------

Straße/ Haus Nr.  PLZ/ Wohnort

Zeuge: Name/ Vorname/ Beruf
Anschrift

--------------------------------------------------

Zeugenaussage/ Sachverhaltsschilderung

Folgende Ware bzw. Gegenstände hat der/ die Beschuldigte widerrechtlich entnommen:

1. ------------------€                    2. -------------------€
3.-------------------€                    4.--------------------€

Gesamtwert: €-------------
Die Ware wurde einbehalten: ?
Die Ware wurde nachträglich bezahlt und mitgenommen ? Der Einkauf betrug €:---------------

Schilderung des Tathergangs/ Tatzeit. Was ist geschehen? Wo wurde die o.g. Ware verborgen? Der /die beschuldigte wurde nach der Kassenzone angehalten. Wie hat er sich verhalten?

Ort:                    Datum:                    Uhrzeit:

Erklärung der/ des Beschuldigten:

Ich gebe zu, dass der oben geschilderte Sachverhalt zutrifft. Bei früheren Besuchen habe ich Waren im Wert von €............ entwendet.
Die Bearbeitungsgebühr/ Vertragsstrafe €...........wurde gefordert und bezahlt ? nicht bezahlt ?
Ich bin bereit, zur Abgeltung der durch den Diebstahl entstandenen Kosten als Vertragsstrafe/ Bearbeitungsgebühr o.g. Betrag zu zahlen. Mir ist bekannt, dass unabhängig hiervon Strafantrag gestellt wird.
Mir wurde bekannt gegeben, dass ich in allen Verkaufsstellen 1 Jahr Hausverbot habe. Der /die Beschuldigte ist darüber belehrt worden, dass er/sie Hausfriedensbruch begeht, wenn er/ sie trotz Hausverbotes einen Markt betritt.

Unterschrift der/ des Beschuldigten ---------------------------------------------

# 16. Checklisten für den täglichen Einsatz

**Checkliste »Inventurdifferenzen« für Führungskräfte und Inhaber**

Ich habe meinen Mitarbeitern die gängigen Tricks der Ladendiebe erklärt

Trifft zu Trifft nicht zu

Meine Mitarbeiter kennen die Verhaltensweisen der Ladendiebe und sind aufmerksam

Trifft zu Trifft nicht zu

Bei verdächtigen Personengruppen verstärken wir unseren Personaleinsatz

Trifft zu Trifft nicht zu

Wir lassen Kunden in der Warteschlange an der Kasse nicht unbeobachtet und wenn möglich, öffnen wir eine zusätzliche Kasse

Trifft zu Trifft nicht zu

Wir grüßen unsere Kunden freundlich, wenn möglich mit Namen und halten Blickkontakt, da dies auch Ladendiebe abschreckt

Trifft zu Trifft nicht zu

Verdächtig wirkende Kunden werden von uns aktiv angesprochen und sei es, um Ihnen beim Kauf der Ware zu helfen

Trifft zu Trifft nicht zu

Kunden werden bei uns nie allein im Verkaufsraum gelassen

Trifft zu Trifft nicht zu

Wir haben im Geschäft gut sichtbare Warnschilder) »wir zeigen jeden

Ladendieb an«) angebracht

Trifft zu Trifft nicht zu

Ich führe regelmäßige Mitarbeiterschulungen zum Thema »Ladendiebstahl« durch

Trifft zu Trifft nicht zu

Dem Kassenpersonal liegt eine detaillierte Kassenanweisung vor

Trifft zu Trifft nicht zu

Artikel, die nicht über Scanner erfasst werden, sind korrekt in die Warengruppe getippt

Trifft zu Trifft nicht zu

Die Kassenanweisung enthält eine Festlegung zur Handhabung von Null- und Fehlbons, Warenrücknahmen, Stornos und Reklamationen

Trifft zu Trifft nicht zu

Die Kassenkontrollstreifen werden regelmäßig kontrolliert und zeitlich aufbewahrt

Trifft zu Trifft nicht zu

Liegengebliebene Kassenbons werden sofort vernichtet

Trifft zu Trifft nicht zu

In unregelmäßigen Abständen werden Kassenstürze von mir durchgeführt

Trifft zu Trifft nicht zu

Die Kassenbestände halte ich möglichst niedrig durch laufende Abschöpfung

Trifft zu Trifft nicht zu

Meine Mitarbeiter achten darauf, dass die Kassenschubladen geschlossen sind oder die Kassen bei Abwesenheit blockiert sind

Trifft zu Trifft nicht zu

Es gibt klare Richtlinien zur Handhabung von Wechselgeld, Aufbewahrung des Bargeldes und dem Geldtransport

Trifft zu Trifft nicht zu

In unregelmäßigen Abständen führe ich Testeinkäufe durch oder lasse Testkäufe durchführen und bespreche die Ergebnisse mit den Mitarbeitern

Trifft zu Trifft nicht zu

Büro, Warenlager und Außentüren werden grundsätzlich verschlossen und werden nur von Personen betreten, die autorisiert sind

Trifft zu Trifft nicht zu

Lieferanten werden bei der Warenannahme und bei Betreten des Lagers von uns begleitet

Trifft zu Trifft nicht zu

Warenkontrollen werden sofort durchgeführt

Trifft zu Trifft nicht zu

Unvollständig kontrollierte Ware wird nur unter Vorbehalt angenommen

Trifft zu Trifft nicht zu

Falschlieferungen und Qualitätsmängel werden sofort reklamiert

Trifft zu Trifft nicht zu

Leergut wird separat vom Vollgut gelagert

Trifft zu Trifft nicht zu

Vertrauensseligkeiten und Kumpaneien zwischen Mitarbeiter und Lieferanten werden unterbunden

Trifft zu Trifft nicht zu

Warenbruch wird sofort vom Mitarbeiter oder Lieferanten erfasst

Trifft zu Trifft nicht zu

Ich gewähre meinen Mitarbeitern einen Personalrabatt

Trifft zu Trifft nicht zu

Ich habe klare Richtlinien für den Pausenverzehr und dem Personaleinkauf

Trifft zu Trifft nicht zu

Regale und Gondelplätze überschreiten nicht die Augenhöhe

Trifft zu Trifft nicht zu

Schwer einsehbare Winkel und tote Gänge werden vermieden oder zumindest mit einem Beobachtungsspiegel versehen

Trifft zu Trifft nicht zu

Diebstahlgefährdete Artikel werden dort platziert, wo sie von den Mitarbeitern gut sichtbar sind

Trifft zu Trifft nicht zu

Die Mitarbeiter überprüfen Preise, die nicht eindeutig auf der Ware sind oder wo Preisetiketten fehlen

Die Mitarbeiter kennen die Vorgehensweisen bei einem Ladendiebstahl

Trifft zu Trifft nicht zu

Bei meiner Abwesenheit liegen »Notfall-Regeln« vor

Trifft zu Trifft nicht zu

Ich halte regelmäßigen Kontakt zu dem hiesigen Polizeirevier und informiere mich ständig über aktuelle Tricks und Infos über Ladendiebstahl

Trifft zu Trifft nicht zu

**Inventurverluste vermeiden- Beantworten Sie sich selbst folgende Fragen pro Warenbereich:**

**Warenannahme und Wareneingang**

Besteht eine schriftliche Arbeitsanweisung für die Kontrolle des Waren-eingangs?

Trifft zu Trifft nicht zu

Wird das Einhalten der Anweisungen stichprobenartig überprüft?

Trifft zu Trifft nicht zu

Sind ein oder bzw. mehrere Mitarbeiter für die Wareneingangskontrollen verantwortlich?

Trifft zu Trifft nicht zu

Erfolgt die Warenannahme in einem vom Lager getrennten Bereich?

Trifft zu Trifft nicht zu

Ist die Wareneingangstür, wenn keine Anlieferung erfolgt, verschlossen?

Trifft zu Trifft nicht zu

Ist die Wareneingangstür ohne Schlüssel von außen zu öffnen?

Trifft zu Trifft nicht zu

Melden sich die Lieferanten beim Betreten des Geschäfts beim zuständigen Mitarbeiter?

Trifft zu Trifft nicht zu

Sind mit Direktlieferanten feste Lieferzeiten vereinbart?

Trifft zu Trifft nicht zu

Halten sich Direktlieferanten mit einer Kontrollperson im Lager auf?

Trifft zu Trifft nicht zu

Unterliegen Lieferanten den gleichen Kontrollbestimmungen wie die Mitarbeiter?

Trifft zu Trifft nicht zu

Wird auf den Lieferscheinen zuerst die Laden- Nr. geprüft?

Trifft zu Trifft nicht zu

Werden Fehlmengen oder Fehllieferungen noch in Gegenwart des Fahrers reklamiert?

Trifft zu Trifft nicht zu

Wird nach der Eingangskontrolle der Verkaufspreis auf dem Karton vermerkt? Nur bei Ware ohne Scanning

Trifft zu Trifft nicht zu

Wird bei beschädigten oder geöffneten Kartons der gesamte Kartoninhalt auch geprüft?

Trifft zu Trifft nicht zu

Werden bei Frischewarenanlieferungen auch die Verfallsdaten und die Qualität sofort geprüft?

Trifft zu Trifft nicht zu

Werden Nachlieferungen nur mit Lieferschein angenommen?

Trifft zu Trifft nicht zu

Wird bei fehlendem Lieferschein ein Ersatzlieferschein ausgestellt?

Trifft zu Trifft nicht zu

**Warenlager und Verkaufsvorbereitung**

Werden vom verantwortlichen Mitarbeiter notwendige Reklamationen selbst erstellt?

Trifft zu

Trifft nicht zu

Werden Preisauszeichnungen, die von Lieferanten vorgenommen werden, auch kontrolliert?

Trifft zu Trifft nicht zu

Sind die Lieferanten informiert, dass alle Lieferungen kontrolliert werden?

Trifft zu Trifft nicht zu

Dürfen Mitarbeiter in unmittelbarer Nähe der Lageraußentüren parken?
Werden die Lieferunterlagen nach der Bearbeitung umgehend ordnungsgemäß abgelegt?

Trifft zu Trifft nicht zu

Werden im Lager Anbrüche aufbewahrt?

Trifft zu Trifft nicht zu

Wird die Regel »first in- first out« auch im Lager eingehalten?
Dürfen alle Mitarbeiter ohne stichhaltigen Grund das Lager betreten?

Trifft zu Trifft nicht zu

Werden stichprobenartig die Preisauszeichnungen, wenn keine Scanningsartikel, im Lager geprüft?

Trifft zu Trifft nicht zu

Werden Leergut und Altpapier getrennt von Warenbeständen aufbewahrt?

Trifft zu Trifft nicht zu

Gibt es einen direkten Zugang vom Aufenthaltsraum zum Lager?

Trifft zu Trifft nicht zu

Sind die Lagertüren, wenn sich niemand im Lager befindet, verschlossen?

Trifft zu Trifft nicht zu

Wird die Bestandsaufnahme bei Preisänderungen überprüft?

Trifft zu Trifft nicht zu

Werden Preisauszeichnungsgeräte, sofern noch vorhanden, so aufbewahrt, dass diese für Kunden unzugänglich sind?

Trifft zu Trifft nicht zu

Werden Preisänderungen allen Mitarbeitern bekannt gegeben?

Trifft zu Trifft nicht zu

Werden die Waagen täglich überprüft?

Trifft zu Trifft nicht zu

Werden Warenverluste erfasst?

Trifft zu Trifft nicht zu

Werden neue Etiketten deckungsgleich über »alte« geklebt?

Trifft zu Trifft nicht zu

Wurden in den letzten 4 Wochen in Bedienungsabteilungen Testkäufe durchgeführt?

Trifft zu Trifft nicht zu

**Kassenvorgänge**

Wird jeder Artikel einzeln registriert?

Trifft zu Trifft nicht zu

Informiert sich die Kassiererin an der Ware über den Preis (wenn nicht Scanning)?

Trifft zu Trifft nicht zu

Sind Unterlagen über nicht preisausgezeichnete Waren an den Kassen vorhanden?

Trifft zu Trifft nicht zu

Sie den Mitarbeitern an der Kasse die Werbepreise bekannt?

Trifft zu Trifft nicht zu

Wird das untere Ablagefach des Einkaufswagens auf noch nicht registrierte Artikel überprüft?

Trifft zu Trifft nicht zu

Werden geschlossene Behältnisse geöffnet und auf evtl. Inhalt geprüft?

Trifft zu Trifft nicht zu

Werden von der Kassierein Nachkäufe sofort registriert?

Trifft zu Trifft nicht zu

Haben Mitarbeiter an der Kasse die Anweisung, nicht oder falsch ausgezeichnete Artikel zu notieren?

Trifft zu Trifft nicht zu

Sind keine Kundenaußenstände in den Kassen?

Trifft zu Trifft nicht zu

Sind keine Personalaußenstände in den Kassen?

Trifft zu Trifft nicht zu

Sind vorhandene Kassengutschriften von der Ladenleitung oder der Kassenleitung abgezeichnet?

Trifft zu Trifft nicht zu

Ist auf vorhandenen Schecks die Scheckkartennummer auch vorhanden?

Trifft zu Trifft nicht zu

Wird mit Kontrollstreifen registriert?

Trifft zu Trifft nicht zu

Müssen Nullbons vorgelegt werden?

Trifft zu Trifft nicht zu

Sind nicht besetzte Kassen abgeschlossen und ist der Schlüssel abgezogen?

Trifft zu Trifft nicht zu

Sind unbesetzte Kassen für den Kundendurchgang gesperrt?

Trifft zu Trifft nicht zu

Sind an nicht besetzten Kassen die Zigarettenständer gegen Zugriff gesichert?

Trifft zu Trifft nicht zu

Haben die Mitarbeiter an den Kassen ihre Geldbörsen im Personalraum?

Trifft zu Trifft nicht zu

Werden regelmäßig einmal wöchentlich Kassenstürze durchgeführt?

Trifft zu Trifft nicht zu

Werden Kassendifferenzen mit den Betroffenen persönlich besprochen?

Trifft zu Trifft nicht zu

Werden bei Kassenübergaben die Kassen abgerechnet?

Trifft zu Trifft nicht zu

**Personaleinkauf**

Wird der Einkauf durch Mitarbeiter nur an einer Kasse abkassiert?

Trifft zu Trifft nicht zu

Wird der Personaleinkauf nur zu bestimmten Zeiten durchgeführt?

Trifft zu Trifft nicht zu

Werden die Tüten beim Personaleinkauf anschließend fest verschlossen?

Trifft zu Trifft nicht zu

Werden die Kassenbons an die Tüten geheftet?

Trifft zu Trifft nicht zu

Werden die Personaleinkäufe an einem bestimmten Ort aufbewahrt?

Trifft zu Trifft nicht zu

Bleiben die Einkaufstüten bis Arbeitsende unter Verschluss?

Trifft zu Trifft nicht zu

Werden die Personaleinkäufe regelmäßig kontrolliert?

Trifft zu Trifft nicht zu

Wird der Pausenverzehr grundsätzlich vorher abkassiert?

Trifft zu Trifft nicht zu

Wird der Pausenverzehr an einer bestimmten Kasse abkassiert?

Trifft zu Trifft nicht zu

Sind die im Verbrauch der Mitarbeiter befindlichen Artikel gekennzeichnet?

Trifft zu Trifft nicht zu

Wird der Eigenbedarf schriftlich erfasst?

Trifft zu Trifft nicht zu

**Mitarbeiterkontrollen**

Wurde im letzten Monat jeder Mitarbeiter mindestens einmal kontrolliert?

Trifft zu Trifft nicht zu

Wissen die Mitarbeiter im Voraus, wann sie kontrolliert werden?

Trifft zu Trifft nicht zu

Werden die Mitarbeiter, die während der Geschäftszeit das Geschäft verlassen, kontrolliert?

Trifft zu Trifft nicht zu

Werden auch Putzhilfen und Aushilfsmitarbeiter einer Taschenkontrolle unterzogen?

Trifft zu Trifft nicht zu

Bezieht sich der Geschäftsleiter in das System der Taschenkontrollen mit ein?

Trifft zu Trifft nicht zu

Werden die Mitarbeiter ständig angehalten, auf Ladendiebe zu achten?

Trifft zu Trifft nicht zu

Werden Mitarbeiter, die zur Ergreifung eines Ladendiebs beigetragen haben, besonders gelobt?

Trifft zu Trifft nicht zu

Werden Mitarbeiter, die Kunden unbegründet eines Diebstahls verdächtigt haben, streng verwarnt?

Trifft zu Trifft nicht zu

Befinden sich in unübersichtlichen Teilen des Marktes Bedienungsabteilungen?

Trifft zu Trifft nicht zu

Sind die Gänge im Markt gut überschaubar?

Trifft zu Trifft nicht zu

Sind im Verkaufsraum Spiegel oder Kameras angebracht?

Trifft zu Trifft nicht zu

Werden die Kunden durch Hinweise und Schilder auf Ladendiebstahl und seine Folgen gewarnt?

Trifft zu Trifft nicht zu

Sind den Mitarbeitern die typischen Ladendiebstahlsmethoden bekannt?

Trifft zu Trifft nicht zu

Wissen die Mitarbeiter, wie sie sich bei einem Diebstahl verhalten müssen?

Trifft zu Trifft nicht zu

Entscheidet jeder Mitarbeiter selbst, ob er einen erfassten Dieb dem Marktleiter oder Inhaber meldet?

Trifft zu Trifft nicht zu

Erhalten Ladendiebe Hausverbot (schriftlich)?

Trifft zu Trifft nicht zu

Wird jeder Diebstahl auf einem Formular festgehalten?

Trifft zu Trifft nicht zu

Ist der Warenumtausch durch Kunden geregelt?

Trifft zu Trifft nicht zu

# 17. Wichtige Begriffe

**AM Warensicherung**
Elektronische Artikelsicherung auf Basis der akustomagnetischen Technologie.
Sicherungsetiketten können sowohl deaktiviert als auch wieder reaktiviert werden und sind dadurch für die Quellensicherung besonders geeignet. Auf Grund seiner technologischen Eigenschaften die weltweit bevorzugte Sicherungstechnologie im Handel.

**Antenne**
Der Teil eines RFID- Systems, der die Übertragung zwischen RFID-Transponder und Schreib-/ Lesegerät über die Luftschnittstelle sicherstellt.

**Barcode**
Eine Anordnung von parallelen, rechteckigen Strichen und Lücken, die den Regeln einer Symbologie- Spezifikation entspricht und Daten in einer maschinenlesbaren Form repräsentiert. Das Auslesen eines Barcodes erfolgt über optische Verfahren.

**CCG**
Centrale für Coorganisation. Verwaltung der EAN und EPCglobal Nummern.

**EAS**
Elektronische Artikelsicherung. Einzelne Artikel werden mit Etiketten gesichert. Beim Zahlvorgang werden diese Etiketten entfernt ( Textil: Hardtag) oder deaktiviert ( z.B. Kosmetika: Klebeetikett).
Nicht bezahlte, etikettierte Waren lösen am Warensicherungssystem einen Alarm aus.

**EAS- Bit**
Indikation von zwei verschiedenen Zuständen, die als Zusatzinformation auf einem RFID- Transponder gespeichert werden können.

**EM Warensicherung**
Elektronische Artikelsicherung auf Basis elektromagnetischer Technologie. Wird überwiegend im Bereich Bibliotheken eingesetzt.

**EPC**
Elektronischer Produktcode. Standardisierung des Speicherinhalts von RFID Transpondern, die für logistische Zwecke genutzt werden. Der Dateninhalt besteht aus dem Datenkopf. Der EPC- Manager-Information, der Objektklasse und der Seriennummer.

**Frequenz**
Die Anzahl der Zyklen, die ein periodisches Signal in einer Zeiteinheit aussendet, ausgedrückt in Hertz ( Kilohertz kHz, Megahertz MHz, Gigahertz GHZ). Niedrige Frequenzen sind besser für EAS geeignet, da sie weniger manipulierbar sind. Je höher die Frequenz, desto schneller die Lesegeschwindigkeit, jedoch steigt auch die Manipulierbarkeit.

**HF**
Hochfrequenz. RFID Frequenz im Bereich von 13,56 MHz. Je nach Systemkonfiguration und Etikettengröße lassen sich Lesereichweiten von bis zu 1,2 m erzielen.

**Lesereichweite**
Distanz zwischen Lesegerät und RFID Transponder, bei der die Daten noch fehlerfrei über die Luftschnittstelle übertragen werden können.

**Pulkerfassung**
Die Fähigkeit eines RFID- Systems, mehrere, sich in einem Lesefeld befindliche Transponder gleichzeitig auslesen zu können.

**Quellensicherung**
Anbringen von Sicherungsetiketten im Herstellungsprozess der Einzelartikel. Jährlich werden mehr als 4 Mrd. verschiedene Artikel mit AM- Technologie quellengesichert.

**RFID**
Radio Frequenzy Identification. Datenaustausch ( lesen und schreiben) zwischen einem Transponder und einem Schreib-/ Lesegerät über eine Luftschnittstelle ( berührungslos).

**RF Warensicherung**
Elektronische Artikelsicherung auf Basis von Radio- Frequenzen. Empfindlich gegen Metallabschirmung ( z.B. mit Aluminiumfolie ausgeschlagene „ Klautüten"). Auf dem Sicherungsetikett können keine Daten gespeichert werden. Auf Grund der Namensähnlichkeit kommt es immer wieder zu Verwechslungen mit RFID.

**Schreib-/ Lesegerät**
Ein stationäres oder mobiles Gerät, das ein elektromagnetisches Feld dazu verwendet, um einen von mehreren RFID- Transpondern anzusprechen.

**Transponder**
Kunstwort aus Transciever und Responder. Stellt den Datenträger innerhalb eines RFID- Systems dar und besteht in der Regel aus einem Mikrochip und einem Koppelelement ( Spule bzw. Antenne). Es wird zwischen passiven Transpondern ( keine eigene Energieversorgung) und aktiven Transpondern ( eigene Energieversorgung) unterschieden.

## 18. Nachwort/ Sonstiges

Wenn Sie Ihre Mitarbeiter im Verkauf oder im Geschäft schulen oder trainieren wollen oder noch mehr Informationsmaterial z.B. für elektronische Sicherungsanlagen benötigen, nehmen Sie Kontakt mit uns auf. Auch freuen wir uns über Anregungen und Hinweise zum vorliegenden Buch.

Weitere Schwerpunktthemen Training und Beratung:

Mehr Umsatz mit optimaler Warenpräsentation
Verkaufs- und Kommunikationstraining am POS (point of sale)
Betriebswirtschaftliches Grundwissen im Einzelhandel
Testkäufe (Mystery Shopping)

Kontaktanschrift:
Hans- Günther Lemke
Training für Führung und Verkauf
Basenberg 22
32457 Porta Westfalica
Telefon: 05706-1518
Fax: 05706-955548
E-Mail: Lemke-Porta@t-online.de
Internet: www.lemke-training.de

Nachfolgend eine Übersicht möglicher Seminarinhalte zum Thema »Ladendiebstahl«. Die Inhalte können Sie bestimmen und werden immer dem Zeitrahmen angepasst.

- Inventurdifferenzen 2004/2005
- Straftatenanteile in Deutschland
- Tendenzen und Fakten im Ladendiebstahl 2005/ 2006
- Was wird gestohlen
- Wann wird gestohlen
- Wie erkenne ich einen Ladendieb
- Aktuelle und »alte« Tricks der Ladendiebe
- Richtiges Verhalten bei Ladendiebstahl
Juristische Grundregeln
- »Jedermannsrechte« kennen und anwenden
- Einsatz von Ladendetektiven
- Der »untreue Mitarbeiter«
- Hauptbetrügereien an der Kasse
- Das Gespräch mit jugendlichen Straftätern
- Möglichkeiten von elektronischen Absicherungen
- Schilderung erlebter Fälle
- Neue Gefahren erkennen (Falschgeld, EC-Kartenbetrug)
- Einsatz von Checklisten in der täglichen Arbeit
- Einsatz von Lehrfilmen und Video

*Seminare führen wir auch als Kurzschulung z.B. nach Geschäftsschluss oder an Wochenenden durch.*

Kontaktanschrift:

Hans- Günther Lemke
Training für Führung und Verkauf
Basenberg 22
32457 Porta Westfalica
Tel. 05706 1518
Fax: 05706 955548
Mail: Lemke-Porta@t-online.de
Internet: www.lemke-training.de

# Wir bieten auch Beratungen und Seminare zum Buchthema an

*Wir helfen Ihnen ...*
*Inventurdifferenzen zu reduzieren, Ladendiebstähle in den Griff zu bekommen, organisatorische Mängel abzustellen, Mitarbeiter zu sensibilisieren und das Betriebsergebnis pro Geschäft zu steigern.*

*Schon bei einer Verbesserung von 0,1% des Inventurergebnisses hat sich die Maßnahme ausgezahlt!*

Unser Angebot für Ihr Unternehmen:

**Schritt 1:** Bestandsaufnahme in ausgewählten Geschäften über Schwachstellen, Verhalten der Mitarbeiter und Sensibilität.

**Schritt 2:** Führungsseminar für Inhaber und Marktleiter zum Thema »Inventurdifferenzen durch Ladendiebstahl«-
Aktuelle Situation und Prävention.
Hier werden die Beispiele aus Schritt 1 aufgearbeitet.

**Schritt 3:** Seminare für Mitarbeiter am POS (point of sale) zum Thema
»Wie vermeide ich Ladendiebstahl, wie erkenne ich Ladendiebe und wie verhalte ich mich richtig«. Mit vielen Praxisbeispielen.

**Schritt 4:** Einzelberatung von Inhabern und Geschäftsleitern. Nach einer umfassenden Geschäftsanalyse erhalten Sie Lösungsvorschläge zur Vorbeugung von Diebstahl, Optimierung der Warenplatzierung und weitere Hinweise zur Verbesserung der Inventur.

**Schritt 5:** Angebot eines Trainingsmoduls mit dem Thema: »Verhinderung von Ladendiebstahl«
Mit diesem Modul kann jeder Inhaber und Marktleiter regelmäßige Schulungen für seine Mitarbeiter durchführen.

Printed by Books on Demand GmbH, Norderstedt / Germany